アジアのある場所

下川裕治
Shimokawa Yuji

光文社
Kobunsha

はじめに

本文でも触れているが、僕はアジア人や沖縄の人の店に入ることが多い。外で食事をしたり、酒を飲む店の大半がその種の店である。「アジアがある場所」は、僕がいる場所でもある。

僕は店のなかでの存在感は薄いらしい。忘れられることがしばしばある。店を切り盛りするアジア人や沖縄の人たちの、客への気遣いが足りないという意味ではない。彼らは東京という街で、それなりの店を営んでいるわけだから、客への対応はしっかりしている。僕の問題だと思う。

それは店だけの話ではない。飛行機に乗っていても、機内食を忘れられることがときどきある。ちょうどカートに収納された機内食が終わり、別のカートになるようなタイミングのときが多いのだが、なぜか機内食がもらえない。それは一回や二回ではない。客室乗務員は僕の姿が見えないのだろうか、と不安になる。

「あの……機内食をもらってないんですけど」

そう伝えると、客室乗務員は一瞬、焦り、急いでもってきてくれるが。やはり僕の影は薄いのだろうか。

そんなタイプである。「アジアがある場所」の片隅に座り、ビールを飲み、アジアの味を口に運ぶ。もうそれだけで満足するようなところがある。

店や読者には申し訳ないが、店の料理の味は二の次になってしまう。

いちばんの目的？

居心地のよさである。

落ち着くのだ。

なぜ、こんなにも穏やかな気持ちになれるのだろうか。香辛料の効いた料理を口に運びながら、いつも考える。アジア人が働いているから、ときに日本語がわかってもらえないこともある。料理が遅れることもある。そういった欠点はあっても、その種の店に座ると安穏とした時間に包まれる。

足繁くアジアや沖縄に通い、現地の人々との対応に慣れているから……という人もいるだろう。たしかにそうかもしれない。しかし僕は日本人だから、日本人との付き合いに馴染んでいる。

込み入った会話ができないことが居心地のよさにつながる気もする。アジアから日本に帰るとき、いまでも緊張する。日本に帰ると周りにいる人は皆、日本語を理解し、話すことができる。言葉が通じない世界を歩いてくると、日本語の嵐がストレスになる。耳に入る言葉がわかってしまうのだ。インドに一年近く滞在した日本人バックパッカーが帰国し、成田空港から電車に乗った。しかし日本人が怖くなってインドに戻ったという話を聞いたことがある。その心境がよくわかる。

だからアジア系や沖縄の店でほっと息を抜く？　そういうことかもしれない。しかしそれがすべてというわけでもない。

しかし今日も「アジアがある場所」にいる。店に入ったとき、「いらっしゃい」といわれた。しかしそれから二分ぐらい放置され、どうしていいのか困りはじめたとき、アジア人スタッフがとろけるような笑みで現れる。

この間の悪さはなんなのだろうか。

きっと「アジアがある場所」へのスイッチはこの悪い間で入る？　そんなさまざまなアジアへのスイッチを書き込んだつもりだ。

出版にあたり、ノンフィクション編集部の三野知里さん、須田奈津妃さんのお世話になった。

二〇二一年八月

下川裕治

タイ　スコールが流してくれるもの

　これも温暖化の影響なのだろうか。夏になると東京もときに激しいスコールに洗われる。気象予報士はときどきゲリラ豪雨という用語を口にする。

　子供の頃から、スコール、日本でいえば夕立が好きだった。濡れることが楽しいという意味ではない。雨宿りをしながら、激しい雨脚を眺めるとうきうきした。

「おッ、側溝から水が溢れてきた」

　側溝の上の格子状のふたを押しあげるように湧きあがる泥水をじっと眺める姿に、母親は僕の将来に不安を抱いたかもしれない。

　その習癖はいまも変わらない。夕立がくると、仕事もおぼつかなくなってしまう。原稿から意識は雨に打たれた路上に飛び、つい外に出てしまう。新聞社に勤めていたときもそうだった。夕立は、朝刊の締め切りに追われる夕方にやってくる。空が急に暗くなり、大粒の雨が跳ねる音が聞こえると頭から記事のことが消えていってしまう。トイレに行くようなそぶりで机を離れ、通用口からそっと出て、ビルの間に勢いよく落ちる雨を見つめていた。

タイに出かけることが多い。タイには足かけ二年近く暮らしている。もう少し正確にいうと、タイ周辺の東南アジアによく向かう。なぜ、そのエリア？　と聞かれれば、さまざまな理由がつけられるが、「スコールがあるから」という答えも、あながち的はずれではない気がする。

子供の頃に眺め続けた夕立は、その先の連想は生まなかった。しかしアジアに足繁く通うようになり、いま、東京で夕立を目にするとタイを思いだす。暮らす東京に降る雨の大半はコンクリートに跳ねてしまうが、それを見つめていると、アジアの土のにおいが脳のなかに広がってしまう。それほどまでに、僕のなかにはタイの雨が強く刷り込まれている。

それははじめて訪ねたとき、バンコクで遭遇した雨があまりに強烈だったからだと思う。そのときに僕はバンコクのスクムビット通りの知りあいの世話になっていた。ソイ二十三の奥に知人のコンドミニアムはあった。ソイというのは、大通りからのびる路地だが、その幅はまちまちで、車一台がやっとという路地から二車線以上の広いものもある。ソイ二十三はその広いソイだった。入口には、トラックの荷台の両脇に長椅子を並べたソンテオという乗り合いバスがいつも停まっていた。世話になっている家までは歩けば十五分ほどだった。タイ語はまったく話すことができなかったから、その道を毎日歩いていた。

　その途中で、何回かスコールに遭った。これまで体験したことのない激しい雨だった。強い降り方のことを、「バケツをひっくり返したような雨」といういい方があるが、まさにそれだった。折りたたみ式の傘などまったく役に立たなかった。

　当時、そう、四十五年以上前のバンコクは、まだ未舗装路が多かった。ソイ二十三も中央の道はアスファルトが敷かれていたが、そこからのびるさらに狭い路地は土がむきだしになっていた。スコールが降りはじめると、そこから土のにおいが漂《ただよ》ってきた。

　スコールがはじまると、とても道を歩くことができず、僕は道に沿った雑貨屋や食堂の入口あたりに逃げ込むことになる。ぼんやり立っていると、なかに座りなさい、といつもいわれた。僕はこうして、タイ人と接しはじめた。

激しいスコールは、水しぶきが高くあがった。周囲は木造二階建ての家が並んでいた。跳ねる水は二階まで届くのではないかと思えるほどだった。道にはまたたく間に水が溢れ、そこを車がのろのろと進んでいく。その波が、僕が立つ店にも押し寄せてくる。ときに水が店内に入ることもあった。日本でいったら床上浸水というところなのだが、雑貨屋や食堂の床はコンクリートや地面で、そこに置かれたケースはちゃんと十センチ近い足がついていた。客は椅子の上に足をあげれば問題はなにもない。スコールに襲われても、波風ひとつ立たない暮らしに、僕は南国の流儀を教えられていった。

それから数えきれないほどタイの土を踏んだ。その旅は暮らすところまで発展してしまう。それはスコールと共に暮らすことでもあった。バンコクの気候は、一般に暑季に雨季、乾季にわかれる。そのうち乾季がいちばんすごしやすい。雨が降らず、気温もやや低くなる。だいたい十一月から二月ぐらいと思っていい。そして六月から十月まではしっかりと雨が降る。つまりスコールに見舞われることになる。

いまでも思いだすスコールのシーンがふたつある。

あれはタイに暮らしていた頃だろうか。そのとき、僕はチャオプラヤー川沿いのリバーシティーという、アンティークを扱う店が多いショッピングモールにいた。バスで帰ろうとすると、激しい雨が降りはじめてしまった。雨宿りをするしかない。僕はアンティークの趣味はないが、することもなく、皿や仏像を眺めながら雨脚が弱まるのを待った。スコールは一時間から一時間半で勢いを失っていくことが多い。

雨粒がぽつり、ぽつりと頭にあたる密度になるまで待ち、リバーシティーのビルを出た。

僕が乗ろうとしていたバスは、リバーシティー前が始発だった。バスに乗り込むと、十人以上の客がすでに座っていた。そのなかを、若い女性の車掌が動きまわっていた。前方に座る乗客から順に運賃を受けとり、切符を渡している。体はずぶ濡れだった。紺色の上着やスカートが水で光っていた。髪も濡れ、それをタオルで拭いたのか、パーマをかけた髪が跳ねあがっていた。バスを誘導するために外に出なくてはいけなかったのだろうか。

見ると裸足だった。バスの車掌はほとんどが女性で、皆、黒いパンプスを履いていた。たぶん靴も濡れてしまったのだろう。車掌が傍《そば》に近づいてきた。運賃を渡すと、切符を渡してくれる。そのとき目が合った。瞳が少女のように輝いていた。

雨に濡れて大変だというそぶりはなにもなかった。プールで遊ぶ子供のようだった。うれしそうなのだ。つい車掌の姿を追ってしまった。彼女は飛び跳ねるように車内を動いている。

裸足がうれしい？　そんなことも考えてみる。タイ人の足は前方の指のあるところの幅が広いという話を聞いたことがあった。タイ人のルーツは山岳民族に辿り着く。いまのタイ北部から中国の雲南省にかけて暮らしていた民族が南下してきた。足は山道を歩きやすいように幅が広くなったのだという。そんな足をパンプスにとじ込めるのはかなりのストレスなのかもしれない。スコールは足を靴から解放させてくれたということか。

いや、スコールに濡れることを楽しんでいるような気もする。田舎へ行くと、雨が降りしきる路上で、我を忘れたかのように遊ぶタイ人の子供を何回も見ている。雨にずっぽりと濡れたことで、大人もそんなスイッチが入ってしまい、童心に戻っていくような感覚に包まれていく……。そういえばタイの正月は水かけ祭りである。皆が水をかけあう。僕も何回か経験している。最近のバンコクでは、水かけギャングのような子供たちがいて、塀の陰から大型水鉄砲の水を浴びせられる。はじめはムッとくるが、パンツが乾かないうちにまた水鉄砲にやられていると、なんだかハイな気分になってくる。タイの正月——。びしょびしょになりながら路上で踊るタイ人は、水に濡れることを楽しんでいるようにも見える。

水の民族……。

タイ人を見ていると、ときにそんなことを思うのだ。暑い気候のなかでは、雨は体を冷やしてくれる。それも快感なのかもしれない。

もうひとつの思いだすシーン。あれは二十年ほど前だろうか。その頃、バンコクでの地図型ガイドブックづくりや取材が増え、現地で仕事を進めることが多くなっていた。その日はバンコクにある旅行会社と約束をとっていた。午後四時。オフィスはシーロム通りのソイを入ったビルにあった。バンコクの高架電車ＢＴＳが開通して、そう月日がたっていない時期だった。それに乗ってシーロム通りに向かっていくと、空が怪しくなってきた。暗い雲が一気に広がりはじめていた。おそらく不穏な風も吹きはじめているのだろう。鳥が忙《せわ》しげに空を飛び交っていた。最寄駅で降りたとき、周囲にはまだ雨が落ちていなかった。

「急げば、スコールがくる前にオフィスに着く」

足早に歩道を進んだが、間に合わなかった。あたりに轟音のような雨の音が響きわたってしまった。通りを走る車の音も聞こえない。あっという間に体は雨に濡れ、慌てて近くの店先に走り込んだ。そこがなんの店かはわからなかったが、運がいいことにシャッターが閉まっていた。その前に幅にして三十センチほどの雨に濡れないスペースがあった。これだけあれば雨宿りができる。

同じ状況に追い込まれてしまったタイ人が三人ほど立っていた。そこにさらにふたりが駆け込んできた。僕を含めて総勢六人。一歩も足を踏みだせず、ただスコールを見続けている。ＯＬがふたりいた。同じ制服を着ていた。書類を手にしていたから、銀行とか郵便局の帰りかもしれなかった。急いで戻らなくてもいいのだろうか……などと気をまわしてしまったが、人ごとではなかった。約束の時刻が迫っていた。いま、雨のなかを走り、手前の道路を渡り、その奥のソイに入れば間に合う。距離にして二百メートル……。

しかし僕の足は動かなかった。それほど雨脚が強かったともいえるのだが、ほかの五人が動こうとしなかった。タイ人は同調圧力とは無縁の人たちだとは思うが、むしろ僕が勝手にある圧力を感じていたのだろうか。

あの頃、僕はいまより格段にタイという国を気に入っていた。タイ人のように生きることができたら、どんなに楽だろうと考えていた。どこか南国の人々に弟子入りしたようなところがあった。できるだけ彼らのように暮らそう。タイの暮らしが身についていくことで救われていくようなところがあった。

たとえば二十代の頃に書いた本では、旅の金魚鉢理論を書いていた。パッケージツアーで眺めるアジアは、金魚鉢のなかからアジアを見ているようなもので、その風景は金魚鉢のガラス面が湾曲しているから歪んで見えてしまう……と。

こんな話も書いていた。暑い午後は日陰で昼寝をしたり、のんびりするのがアジアの流儀。それが面白い、と観光客は、がしがしと日向を歩き、そこから昼寝をするアジアの人を写真に撮っている……と。

スコールの話も書いていた。激しい雨が降り、路上に水が溢れてくると、そこを歩くのは危険。草むらにいる毒ヘビや、タカーブとタイではいう大型ムカデが浮いてきて足を嚙《か》まれることがある。タイ人はスコールがきたら外を歩かない……と。

どれもタイ人から聞いた話だった。

スコールがきたら外を歩かない。雨宿り六人組はそれを実践していた。ここで僕だけが走りだせば、彼らは僕の後ろ姿を眺めながら、きっと呟《つぶや》くはずだ。

「日本人って……」

そんなふうに見られたくなかった。

しかし約束があった。時計を見た。四時を十分すぎていた。

「旅行会社のタイ人は僕を待っているだろうか。そりゃ待っているに違いない。タイ人といっても旅行会社を営み、日本人とつきあっているのだ。でも彼はタイ人……。スコールがきたら外を歩かない……。そんなタイの流儀も知っている」

水しぶきをあげながら次々に落ちてくる雨を見ながら、そんな葛藤が脳裡を動きまわる。

「いや、僕が聞いたのは、昔ながらのタイの暮らし。いまのバンコクは大都会で、働いている外国人も多い。スコールがきたから、約束の時刻に遅れました……というのはいい訳にならない街になりつつある。だいたい会社勤めのタイ人は、冷房の効いたオフィスにいて、午後の昼寝などしない。毒ヘビやタカーブが潜んでいる草むらも減っている。いや、だからといって……」

横一列に並んで空を見上げているタイ人の顔をちらちらと見る。シーロム通りは、バンコク一のオフィス街である。この時間にこの街にいるということは、皆、きちんと働いている人たちに違いない。暑い午後、昼寝をむさぼるタイプではない。このなかには、僕と同じように約束がある人もいるかもしれない。

もし、約束の相手が日本人だったら、僕の意識はもっと揺れていたかもしれない。バンコクで仕事をしていても、まるで日本からワープしたかのように、日本の流儀を守る日本人は少なくない。刷り込まれてしまった時間への感覚は、そう簡単には消えない。こうして約束の時刻がすぎても雨宿りしている僕は、訪ねる相手がタイ人ということに甘えているのかもしれない。

時計を見る。四時三十分をすぎていた。

スコールは一向に弱まる気配はなかった。少し雨の密度が薄くなったかと思うと、まるで波に襲われたかのように雨脚が強くなる。もう少し昼間の時間帯なら、少しずつ明るくなっていく空が、スコールの終わりを教えてくれるのだが、四時半という時間帯は微妙で、空の明るさをなかなか測りにくい。

今日の雨は、あがるまで一時間半ぐらいはかかるだろうか。

予測はあたった。

雨は少しずつ弱くなっていった。傘をささなくても歩くことができるようになったのは五時半近くだった。

一応、旅行会社を訪ねてみた。しかしドアは閉まり、なかの電気も消えていた。

翌朝、その会社にお詫びの電話を入れた。

「大丈夫、大丈夫。気にしないでください。あの雨ですから、きっとこれはこれないって皆で話していました。夕方、スコールがくると、渋滞が激しくなる。私の車で社員を途中まで送ったんで、五時には会社を閉めました。今日、いらっしゃいます？」

なにも気にしていないことが声の調子でわかった。

「本当に大丈夫だったんだろうか。本心は違う？」

後日、知りあいのタイ人に訊いてみた。

「本当に大丈夫ですよ。スコールは約束を流してしまうから。なにも気にしなくてオーケー」

そう答えてくれたのだが。

それから数年がたった頃だろうか。タイでは多くのフリーペーパーが発行されていた。全盛期といってもいいかもしれない。日本語のフリーペーパーだけでも二十誌を超えていたようにも思う。フリーペーパーというのは、飲食店やホテルなどに置かれる無料誌である。収入はそこに掲載される広告だけだ。バンコクは本や雑誌の流通システムが整っていなかったから、フリーペーパーは情報誌の役割を担うようになっていった。

フリーペーパーは儲かるといった話が広まり、異業種の経営者が参入するようになる。編集スタッフを集めることはそう難しくなかった。日本の求人情報誌に募集広告を出すと、反応はすぐにあったという。

この話になると、僕は少し言葉に詰まる。バンコクでの暮らしを、桃源郷のように書いたつもりはないが、タイ社会がもつゆるさやとろけるような人間関係を描いた内容が、日本社会に「生きづらさ」を抱いてしまった人たちとバンコク暮らしを結びつける触媒のようなものになっていった一面があった。バンコクを舞台にした本はよく売れ、出版社からの依頼のままに書く本が書店に並んだ。

しかし、バンコクの社会も、人がつくったものだから、日本の社会と本質的な違いはなかった。そんな前提のもとで書いたつもりだったが、「生きづらさ」を強く抱えてしまった人は、求人情報誌の「勤務地バンコク」という字面に吸いつけられていく。バンコクの磁力はなかなか強かった。

あるバンコクのフリーペーパーから連載の依頼を受けた。後でわかったことだが、僕に連絡をしてきた女性編集者のKさんも、日本の求人誌の情報に反応したひとりだった。

そのフリーペーパーに、僕はスコールの話を書いた。雨が約束を流してしまうというタイの流儀だった。

そのフリーペーパーのスタッフとはよく酒を飲んだ。社長が酒好きというより宴会好きで、僕がバンコクに行くたびに声がかかった。

その日もスクムビット通りにある居酒屋で酒の席があった。そこでKさんと少し話をした。

「雨が約束を流してしまうっていう話、よかったです。リセットしてしまえばいいんですよね。なにか救われた気がしました」

Kさんは僕と視線を合わせようとはしなかった。少し酔っているのかもしれなかった。

その席で、Ｋさんの同僚の女性から、Ｋさんが鬱《うつ》を患っていることを知らされた。日本にいたときからその傾向があったようだが、バンコクで働きはじめ、だいぶ改善された。Ｋさんはバンコクで暮らしはじめて二年がたっていた。一時は薬からも離れたようだったが、最近、調子がよくないらしい。再び、薬に頼る生活に戻ってしまったらしい。

同僚がこんな話をしてくれた。

「私たちって編集もやるけれど、広告営業もしなくちゃいけないんです。半年前ぐらいかな、広告の内容でミスがあって、トラブルになったことがあったんです。うちの社長って、そういうことにまったく理解を示さない。売りあげだけを気にしていて、たぶんＫさん、自腹を切ったんだと思う。その頃からかな、急にお酒を飲む量が増えて……でも彼女、ぜんぜん酔わないんです。なにか変でしょ」

バンコクに移り住んだことは、Ｋさんにとっては転地療法のような効果があったのかもしれない。会社のスタッフや日々出会うタイ人が醸しだすゆるさのようなものに救われていったのかもしれないが、彼女の本質的な部分が変わったわけではなかったのだろう。

それからさらに数年がたった。僕は再び、「雨が約束を流してしまう」という原稿の話を耳にすることになる。知人のＯさんだった。

Ｏさんは日本で旅行会社を営んでいた。友人とふたりの共同経営だった。スタッフはゼロ。小さな会社だった。しかし扱うツアーが特殊で、手間はかかるが収益も多かった。働きづめだった。送りだし国の時差の関係もあり、家にはあまり帰れなかったらしい。そこで奥さんから離婚を突きつけられてしまう。仕事を休むわけにもいかない。小さな会社だから、休むと会社がまわらなくなる。そこで鬱を発症してしまう。

会社を閉鎖することにした。奥さんがいなくなった部屋にぽつんといることが多くなった。離婚の申請書に判を捺《お》した。

Ｏさんは若い頃、バックパッカーだった。バンコクを拠点に多くの国をまわった。その経験が仕事に結びついたのだが、その会社をたたんでしまったとき、蘇ってくるのは、バックパッカーとして歩いた旅の日々だった。

あの時代に戻りたい……。Ｏさんはバンコクに移り住むことにした。二、三カ月がたった頃だろうか。彼からバンコクのホテルに就職したという連絡が入った。

バンコクでときどきＯさんと会うようになった。彼の働いているホテルに出向いた。いつもきちんとしたスーツ姿だった。職員は割引料金になる昼のバイキングをおごってくれることが多かった。

鬱の症状はだいぶ軽くなっているようだった。

「自己判断なんですが、月単位で薬を減らしているんです。鬱になって、薬のこと、だいぶ勉強したんですよ。ある程度はコントロールできるようになってきた。このペースでいけば、来年には薬をやめられるかもしれません」

そういってＯさんは少し笑った。症状が重いとき、日本でも会っていたが、その頃に比べれば、だいぶ表情が豊かになった。

（もう大丈夫かもしれない）

彼との昼食を終えたホテルの入口で別れるとき、そう思ったことが何回かあった。

あるとき、彼がこんな話をした。

「うちのホテルに、日本人向けにフリーペーパーを置くスペースがあるんですよ。タイ人が管理しているから、かなり古いものも平気で置かれている。そこで、下川さんが昔、書いた原稿が載っているものがあってね。読みましたよ。雨が約束を流してしまうっていう話。あの話、よかったなぁ」

その話を聞きながら、僕はそのフリーペーパーで働いていたKさんを思いだしていた。

鬱を患った人に好まれる文章というものがあるのだろうか。

たしかに、雨が約束を消してしまうという話は、タイらしいエーテルに包まれていた。日本の会社に勤めると、約束の五分前には到着するようにと上司からいわれることが多い。いや、就職した時点で、社会人というものはそういうもの……という認識を多くの日本人がもっている。雨がひどくて……というのは、約束の時刻に遅れる理由にはならない。しかしタイでは、約束に遅れるどころか、約束そのものが消えてしまう。それを訪ねる側も、待つ側もわかっているから、なにひとつ波風は立たないのだ。その理由が、たかだか雨なのである。タイの雨は、歩くことができないほど激しいことはたしかなのだが。

タイに暮らす魅力はそんなところにあるのだろうが、それは暑いなかを歩き、汗だくになって飲む冷たい水のようなもので、それほど持続するものでもない。KさんやOさんは、バンコクという街で働かなくてはいけなかったから、そこにはまた別の文

脈が横たわっている。

　Ｋさんはそれから一年ほど、バンコクで働いていた。一、二回会っただろうか。いつもの社長が開く宴会だった。とくに表情が変わったとは思わなかった。そしてあるとき、その酒の席で、Ｋさんが日本に帰ったことを知らされた。

「急にＫさん、会社にこなくなっちゃったんです。体調が悪いのかなぁって思っていたら、日本からメールが届きました。帰国したって……。なにかがあったのかもしれないけれど」

　同僚の女性がそう教えてくれた。

　Ｏさんはその後、バンコクで交通事故に遭ってしまう。それをきっかけに、なにかが彼のなかで崩れてしまったかのように、鬱がまた頭をもたげてきてしまった。彼の病状は暗転していく。結局、Ｏさんも日本に帰国した。いまは通院を続けている。

　日本の夏、東京もたまに夕立に襲われる。相変わらず、僕はそわそわと腰を浮かし、近くの側溝を見にいったりしている。その雨脚にバンコクのスコールを思ってしまう。そしてときに、ＫさんやＯさんの言葉が蘇ってくる。

　Ｋさんはいまどこでなにをしているのだろうか。鬱とうまくつきあってくれているだろうか。Ｏさんに連絡をとってみようか……。
雨はバンコクの仄暗《ほのぐら》い世界ともつながってしまっている。

バンコクのスコール。必ずどこかで水が溢れる。誰も慌てない。車も慌てない

運河に沿って建ち並ぶ高床式の家々。水の民族の国、タイの原風景だと思う

バイクは雨に強いが、乗客は弱い。僕はいつもカッパ持参で乗っています

スコールに洗われたタイの宵の口。気温がさがり、屋台街を歩く足どりも軽い

column

中国式揚げパン・油條

油條——。中国語圏ではヨウティアオという。タイではバートンコー。日本語に訳すと揚げパンになる。しかし日本で揚げパンというと、砂糖をまぶしたパンを想像する人もいる。日本のカレーパンも揚げパンの一種といえなくもない。

しかしアジアの油條はシンプル。こねた小麦粉を油で揚げただけだ。そのままで食べる人は少ない。中国の大陸では、お粥にちぎって入れることが多い。お粥が豆乳になることもある。タイでは豆乳と一緒に食べるメニューは、僕の定番朝食である。ミャンマーではミルクティーに浸して食べる人が多い。

油條を自由すぎる発想で朝食に使うのが台湾だ。その代表が、焼餅油條（シャオビンヨウティアオ）と飯糰（ファントァン）だろうか。

焼餅油條は、その漢字から想像力を膨らませてほしい。ヒントは餅。これはパンという意味になる。焼きパンと油條？　焼きパンと揚げパン？　日本人の発想はそこで止まるかもしれないが、台湾人は違う。揚げパンを焼きパンで挟んでしまうのだ。つまりパンサンド……。

東京の人が関西人の食を揶揄《やゆ》するとき、たこ焼き定食を引き合いに出す。「糖質をおかずに糖質を食べる関西人は信じられない……」と。しかし焼餅油條はその比ではない。なにしろパンをパンで挟むのだ。僕も台北の街で、焼餅油條を朝食で出す店に近づかないようにしていたのだが、ある朝、食の好奇心が勝ってしまった。

「いけるじゃない」

パリパリのパンと油を吸ってしっとりした油條……。これが豆乳にすごく合う。一瞬で僕の台湾朝食に入り込んでしまった。

焼餅油條を受け入れてしまえば、飯糰までは平坦な道が待っている。もち米で握ったおにぎりの具が油條である。

※　　※

僕のアジアの朝を支えてくれる油條をつくってみることにした。中田浩資《ひろし》カメラマンに協力してもらった。

まず薄力粉五十グラムと強力粉五十グラムにベーキングパウダー一・五グラムを混ぜた。ここにぬるま湯を加えてこねるのだが。

以前、油條づくりにトライし、うまくできなかったことがあった。そのときは、イースト菌を入れてこね、二倍ほどに膨らんだ生地をのばして成型し、揚げた。しかし目が詰まってしまい、内部に空洞ができなかった。油條は表面がかりッと揚がり、なかに空洞ができる程度の軽さが魅力だった。

なにがいけないのだろう。イースト菌？　揚げる温度？

今回は中田カメラマンと相談し、イースト

菌で膨らますのではなく、重曹を入れることにした。

そして揚げる温度。これは重要らしい。百九十度から二百度。以前は少し温度が低かった気がする。

重曹を加えてこねた生地をひと晩寝かせた。それを好みの形にして、揚げてみた。

うまくいった。油に入れたとき、ふわッと膨らんだ。表面はきつね色になり、なかには空洞ができている。なんとか及第点はもらえそうな油條が完成した。ポイントは重曹と油の温度。しかし目が詰まったものも数個。慣れていけば、しだいに安定して満足の油條が揚がるような気がする。

1

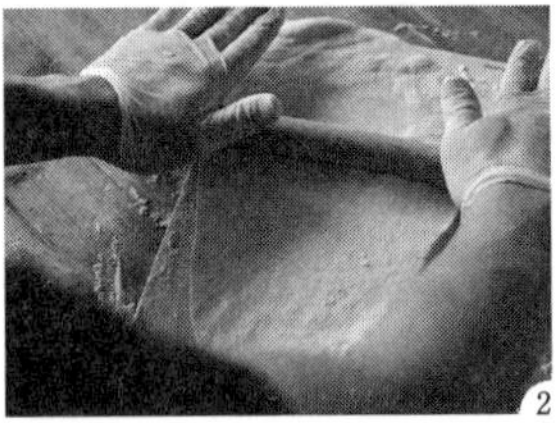
2

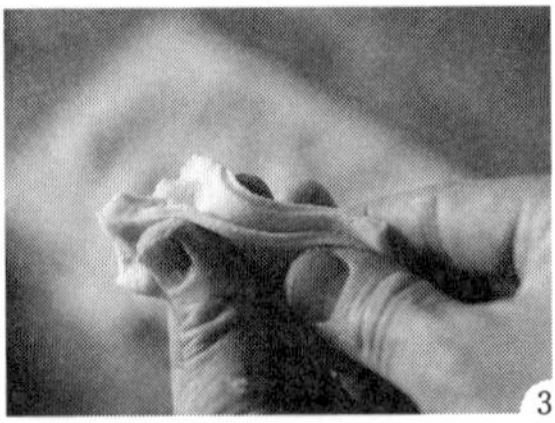
3

4

消えたリトルバンコク

話は二〇一一年に遡《さかのぼ》る。突然、日本にいるタイ人の知人たちから電話がかかってきた。

「タクシンが日本にやってきます。荒川区にあるタンマガーイ寺でタムブンを行います。私たちも向かうので、そこに招待しますよ」

電話は次々にかかってきた。どれも同じ内容だった。その数は十件を超えた。タイ人はこういうときの段どりがうまくない。日本人なら、電話をかける相手を分担するところだが、タイ人は、「よし、皆で電話をかけよう」というところで話は終わってしまう。だから僕のところに十人を超えるタイ人から、同じ内容の電話がかかってくることになる。

タムブンというのは徳を積むということで、寺でタムブンということになると寄進ということになる。寺側はタムブンにきてくれた人々に食事を振る舞う。

タイに住んでいた頃に、何回かこのタムブンにつきあったことがあった。皆でバスをチャーターして向かう。途中の滝などの観光地にも寄っていく。寺側は境内にテーブルを並べ、食事を用意する。境内には白い大きな布が張られ、屋外映画が映されたりもする。このときは男も女も、無礼講といった感じで酒を飲む。寄進というより、どこかツアー旅行の雰囲気なのだ。もっとも翌朝には、僧が経を唱え、寄進額が読みあげられるのだが。

タクシンというのは、タクシン・チナワットである。タイの元首相だ。二〇〇六年のクーデターでタイを追われた。タイには戻ることができなかったが、日本政府は彼にビザを出した。タイ政府にしたら、日本にビザの発給を拒んでほしかったのかもしれないが、日本との関係のなかではそうもいえなかったのだろうか。タクシンがタンマガーイ寺にタムブンにくるということは、莫大な寄進が行われるということを意味していた。

当時のタイの政局は揺れていた。赤シャツ派と黄シャツ派の対立といえば、記憶に残っている人もいるかもしれない。赤シャツ派はタクシン元首相を支持するグループである。タクシンはタイには戻れなかったが、タイのなかではまだ高い人気を保っていた。彼は海外から、自らの党を引き継いだ政党に指示を出しているという話だった。対抗する勢力が黄シャツ派だった。その二派の対立を突き詰めていくと、タイ社会の貧困と富、新興勢力と既得権層といった社会の構造や歴史にまで辿り着く話になってしまい、とても簡単には語れない。一応、ここでは、黄シャツ派を支持するのは富裕層や中間層、バンコクに暮らすエリートたちということにしておく。ということは、赤シャツ派は地方の農民層ということになる。少し乱暴な分類にも思えるが、間違いではない。イメージがつくりやすいのではないかと思う。

　タイ人というと、話し方も穏やかで、おっとりした民族のように映るが、この両派の対立は激しかった。黄シャツ派が起こした空港占拠が表面的には火をつけたことになる。バンコク近郊にあるタイ一の空港であるスワンナプーム空港を座り込みによって占拠し、空港を使うことができなくなってしまったのだ。当時、僕は月に一回のペースでバンコクに滞在していたからずいぶん苦労した。台湾で用事があり、そこからバンコクに向かうつもりだったが空港を使えない。しかたなくチェンマイの空港に向かい、チェンマイから夜行バスでバンコクに入った。バンコクの用事がすんでも、スワンナプーム空港から帰国便に乗ることができなかった。僕は陸路でカンボジアに入国し、シェムリアップから帰国した。

　空港占拠は終了したが、その後赤シャツ派は、バンコクの中心街を占拠。両派の対立は激しさを増し、最後には非常事態宣言が発令。軍が鎮圧に乗りだした。二千人を超える死傷者が出、その一日は「暗黒の土曜日」と呼ばれるようになった。それが二〇一〇年のことである。

　空港、そして市街地という占拠合戦は一応終わり、バンコクは正常化に向かったが、両派の対立が解消されたわけではなかった。

　そんな時期にタクシンは日本にやってきた。

　待ち合わせたのは常盤線の三河島駅だった。改札を出ると、数人のタイ人が僕を待っていてくれた。懐かしい顔ぶれだった。皆、赤いTシャツ姿である。胸には、『日本赤シャツ隊』という日本語が躍る。このタムブンに合わせてつくったのだという。なかにはハチマキ姿の女性もいた。バンコクの路上を占拠した赤シャツ隊が醸しだす空気が、そのまま三河島駅に再現されているようだった。

「まだ仲間がくるから、少し待ってて」

日本語でそういわれた。それから改札前のガード下で三十分ぐらい待っただろうか。次々にタイ人が集まってきた。久しぶりに会った人もいるようで、互いに笑顔がこぼれる。その集団は数十人に膨らみ、中心メンバーを先頭に歩道を進みはじめた。

そのうちに、黄シャツ派が選んだ首相への抗議のかけ声が響きはじめた。その姿は、寺にタムブンに向かうタイ人というより、デモ隊のようだった。脇を通る日本人が、なにが起きてるの？　といった面もちで視線を向ける。その集団のなかにいる僕は、完全にタクシンを支持する赤シャツ派である。

しばらく進むとタンマガーイ寺の前に出た。タイ風の寺院を想像していたが、そこは通りに沿って建つ一棟のビルだった。五階ほどの高さがある。寺の前の車道には、数台の大型バスが停車していた。ナンバーを見ると長野県や福島県などからのバスだった。そこに暮らすタイ人たちがバスをチャーターしてタンマガーイ寺に集まってきたのだ。いましがた到着したバスの車内からは歌声が届く。皆、ノリノリだった。

タイのタムブン旅行もそうだった。車内では大声で歌うことが多かった。なかには太鼓やタンバリンをもち込むグループもいた。日本にいるタイ人たちも、そのノリでバスに乗ってきたのだろう。

　タイ人に促されて寺に入った。その瞬間、化粧のにおいでむせそうになった。タイの寺は敷地も広く、風通しもいいから、あまりにおいはしない。本堂に入ると、たまに線香から煙があがっていることもあるが、そのにおいも強くない。しかし日本のそれはビルである。入るとすぐにエレベーターがあり、その脇に階段があった。本堂は上階にあるのだろう。そこに向かう人が階段に列をつくっている。女性が多かった。彼女らの化粧のにおいが周辺を包んでいた。彼女らの多くが、スナックで働いているはずだった。ママやチーママ風の女性が多い。妙に色っぽい中年のタイ人女性たちだが、やはり化粧が濃いのだろう。

　僕らも階段に並んだ。少しずつ進み、二階にあがった。そこにスペースをみつけて腰をおろす。すると寺のスタッフらしいタイ人が、コンビニ弁当とお茶を配りはじめた。タムブンでは寺側が食事を用意する。タイの寺は大人数の食事も対応できるのかもしれないが、東京のタンマガーイ寺は、タムブンで訪れるタイ人もそれほど多くはないのだろう。いつもはタイ風の食事でもてなしていたのだろうが、今日はとんでもない数のタイ人が集まりそうだった。コンビニ弁当でしのぐしかなかったのだろう。僕らが座ったスペースも、次々にやってくるタイ人でしだいに窮屈になってきた。今日は千人以上が集まる気配だった。

日本にはいくつかのタイの仏教寺院がある。それぞれ宗派が違った。タンマガーイ寺はタクシンとの関係が深い寺だった。

二〇一六年になるが、バンコク近郊のタンマガーイ寺を警察がとり囲んだことがあった。そのときの政権は黄シャツ派だった。タンマガーイ寺の僧侶にマネーロンダリングの疑いがあることが、警察が動いた理由だった。

タイの寺は金には無縁の世界ということになっている。収入を得ることはない。すべて寄付によって成り立っている。タムブンである。マネーロンダリングということは、受けとった寄付の洗浄である。つまりタクシンやタクシン派からの寄付ということになる。バンコクのタンマガーイ寺の僧のマネーロンダリングと聞いたとき、日本のタンマガーイ寺にやってきたタクシンのことを思いだした。あのタムブンには、そんな裏事情があった可能性もあった。

バンコクのタンマガーイ寺は、結局、警察が踏み込まなかった。この報せを聞いた信者が一斉に集まり、警察が境内に入ることを阻止したのだ。

　三河島駅に近いタンマガーイ寺で、僕は二時間ほど待っただろうか。すると三階のほうから、甲高い声がうねりのようになって聞こえてきた。「キャー」とも「ハーッ」とも聞こえる声が重なっていた。

「タクシンがおりてくる」

　タイ人が教えてくれた。本堂でのタムブンの儀式が終わったようだった。

　しだいに甲高い声が近づいてくるのがわかった。ククシンが途中で待ち構えるタイ人の中年女性と握手を交し、一緒に写真に収まるといったサービスを繰り返しながら、階段をおりてくるのだろう。僕がいる階までおり、彼の顔がちらと見えると、周囲はすごい騒ぎになった。女性たちはカメラ片手にタクシンに近づこうとする。その視線は、Ｋポップのタレントを追いかける中年女性と同じだった。タクシンは中年タイ人女性たちのアイドルのようだった。

　タクシンはしだいに僕らのいる場所に近づいてきた。握手を続ける姿は、しばしばタイのテレビで観た地方での遊説光景とだぶってしまった。僕の近くまできた彼は、周囲にいる女性たちとの記念撮影にいやな顔をせず応じている。スーツは背中のあたりが汗で色が変わっていた。

その様子を僕は少し離れたところから見ていた。日本はタクシン派の海外での一大拠点であることを、改めて教えられた。


なぜ日本がタイ人の赤シャツ派の拠点になっていったのか。その話は一九九〇年前後に、カレンダーをさらに戻っていくことになる。いまから三十年ほど遡るわけだ。それ以前、日本に暮らすタイ人はそう多くはなかった。留学生レベルの数だったはずだ。しかし日本が高度経済成長、そしてバブル経済へと進むなかでアジアとの人の動きが活発化していく。日本の労働力が不足していくのだ。生活が豊かになり、「きつい」「汚い」「危険」……つまり3K職種が嫌われることが拍車をかけた。不法就労という形で、アジアの人々が日本にやってくるようになる。観光客を装って日本に入国し、そのまま帰国せずに工場や建設現場で働くようになる。それは飲食業や風俗業界にも波及していく。一九八〇年代にフィリピン、タイ、インド、バングラデシュ、イランといった国々の人が、日本で労働ビザがない状態で働きはじめた。

僕はその逆方向をめざした日本人だった。タイでの暮らしが気に入り、一九八〇年代に一回目のタイ暮らしをはじめた。タイ人の家庭に下宿させてもらい、タイ語学校でタイ語を学ぶようになる。

日本でのタイ人とのつきあいの伏線は、そのタイ暮らしだった。十カ月ほどバンコクに暮らし、日本に帰国したのだが、その後を追うように、僕が下宿をしていた家の主人やその知りあいたちが続々と日本にやってきてしまうのだった。全員が男だったが、そのうちに、その親戚の女性も来日し、そう、その関係だけで三十人を超えるタイ人が日本で働きはじめてしまったのである。

はじめは北関東の工場で働くことが多かった。その口利きをしていたのが、タイ人より十年ほど早く日本にやってきていたラオス難民だった。ラオス語はタイ語に近いから、会話もスムーズだったのだろう。彼らが北関東の工場につてがあった。

彼らは来日して二年ほどは工場で働き、タイの家への仕送りも欠かさなかった。一、二カ月に一回は彼らと会っていた。工場で働くといっても、それなりにトラブルはある。怪我をしたり、病気になる人もいた。彼らは不法就労だから、健康保険が効かない。病院に同行してつたないタイ語で通訳をこなし、その後で工場の社長と治療費の交渉をすることが多かった。精神の病には手こずった。彼らは基本的に共同生活だった。そこにはどうしても力関係が生まれてしまう。なかにひ弱そうな青年がいて、ある種の被害妄想に陥ってしまった。通訳も難しかった。そもそもひとりで飛行機に乗せるわけにもいかない。タイの両親に連絡をとり、父親が来日した。一緒に出入国管理局に出頭した。

バンコクで世話になった人たちだったから……という思いがあったが、いくつかのトラブルをこなしていくなかで、彼らのなかに、

「ユージに頼めばなんとかなる」

という話が定着していってしまう。僕はタイではユージと呼ばれていた。名字のシモカワの発音は彼らには難しかった。

日本にやってきて二年をすぎた頃から、ひとり、またひとりと工場を辞めるタイ人が出てきた。帰国ではなかった。彼らの口から、荒川沖という駅名が聞こえてきた。調べると、常磐線の土浦駅より、ひとつ東京寄りの駅だった。

「そこに別の工場がある?」

「違うよ。来週でも連れていってあげる」

僕はこうして、リトルバンコクという街に分け入っていくことになってしまった。

荒川沖駅 東口
Arakawaoki Station

後日、上野駅で待ち合わせて訪ねた荒川沖はとんでもない街だった。駅を降りると、平凡な常磐線の駅前風景が広がっていたが、そこで電話をかけると、ほどなくして一台の車が現れた。僕は彼らの友人かと思った。

「違うよ。これはタイ人向けのタクシー。一回乗ると千円。日本のタクシーは、日本語しか通じないから」

「本当のタクシー？」

「違うよ。メーターがないでしょ。普通の車です。日本人に頼んで中古車を買ってもらって、彼らが商売をしてるんです。免許？　国際免許をもっているから大丈夫」

知り合いのタイ人はそう説明してくれた。運転するタイ人も、以前、栃木県の工場で働いていたという。不法就労である。同時にビザが切れても日本にいる不法滞在だった。しかし日本の警察にチェックされても、国際免許を見せればいいという。

不法滞在の問題は、出入国管理局の管轄だった。警察との間には微妙な線引きがあるのが日本という国だった。警察は不法滞在問題にあまりかかわろうとしなかった。そのすき間に生まれたタクシーだった。要は白タクである。

知人のアパートに向かい、そこで酒盛りがはじまった。彼らが荒川沖にできつつあるリトルバンコクを解説してくれた。

元は週末のゴルフ帰りの日本人が立ち寄るタイ料理店やタイ人スナックからはじまったらしい。日本の歓楽街にタイ人スナックが次々にできている時期だった。外国人ホステスがいる店ではフィリピン人スナックが草分けだったが、それを追うようにタイ人スナックが生まれていった。タイ人スナックのほうが買売春に応ずる店が多かった。

タイ料理店やスナックが増えるにつれて、タイ人が住みはじめるようになる。そのうちに、タイ食材を扱う店ができ、女性向けの美容院やマッサージ店ができていった。タイ食材店は、タイへの送金も受けもっていたが、扱う件数が増えて、送金専門店がオープンする。工場で働いている男たちも、送金のためにこの街にやってくるようになり、彼ら向けの賭博場が開設される。そうこうしているうちに、タクシーが生まれ、ますます便利になってきたのだという。

しかしここで働くタイ人の大多数が不法滞在だった。彼らが働く店は堂々と看板を出すことができない。街を眺めれば、一見、日本人の住宅が広がっているのだが、そのなかには、タイ人の店や彼らが住む家やアパートがいくつもあった。店を開くには地元のヤクザと知りあいにならなくてはいけないともいっていた。

ポイントはタイ語だった。駅前でタイ人の白タクに乗り、タイ語で伝えれば、その先には日本人の街のなかに広がるリトルバンコクが待っていたのだ。

当時はまだ、村上春樹の『１Ｑ８４』は世に出ていなかったが、その小説に登場する「猫の町」のようなものだった。昼は普通の街だが、夜になると「猫の町」になるという設定だったが、リトルバンコクは、タイ語というスイッチを押すと、その先にかなりの密度のある彼らの街が出現することになる。

正確に数えることのできない世界だが、おそらく二、三千人のタイ人が、リトルバンコクに暮らし、働いていたのではないかと思う。

その後も、工場を辞めて荒川沖に移る知人は何人もいた。皆にすぐ仕事がみつかるわけではなかった。なかには、リトルバンコクでタイ人女性との関係ができ、同棲をはじめる男もいた。ヒモのような存在だったが。

知人たちの生活もしだいに乱れていった。酒、女、賭博……。リトルバンコクには、そんな世界がしっかりとそろっていた。貯めた金が賭博で消える男も出てくる。タイへの送金も滞りはじめる。心配になった奥さんが、僕のところに連絡をよこすことも

靴のイシツカ

多くなっていった。

僕にとってリトルバンコクは、タイの空気を味わえるエスニックタウンではなかった。トラブルの宝庫のような街だった。

「ユージに頼めばなんとかなる」

知りあいのタイ人たちは気のいい奴ばかりだった。困っているタイ人を見ると放っておけない。そして僕の携帯電話番号を教えてしまうのだ。

この頃、僕は荒川沖に多いときで週に一、二回は向かうことも珍しくなかった。トラブルを処理していくためには、僕ひとりでは限界がある。本人を説得していくときも、間に状況がわかっているタイ人が入ってくれると助かる。こうしてリトルバンコクでの知りあいが増えていった。

彼らが僕をタンマガーイ寺のタムブンに招待してくれた人たちだった。彼らにもその後、さまざまなことが起きたが、いまは日本のなかに居場所をみつけていた。

彼らは最初からリトルバンコクをめざしたわけではなかった。日本で稼ぐことが目的だった。出稼ぎだった。不法就労という不安定な立場だったが、当時、タイの収入の五倍ぐらいは稼ぐことができた。

出稼ぎ——。彼らの多くが、タイのなかで最も貧しい東北タイ、イサーンの出身だった。

いまはミャンマー人やカンボジア人が担うようになったが、バンコクの街の発展を支えたのがイサーンからバンコクに出稼ぎにきた人々だった。イサーンには農業以外の仕事が少なく、現金収入を得るとなればバンコクだった。僕のようなあまり金がない日本人が入る食堂の店員はイサーンからきた若者が多かった。建設現場にはイサーン方言が飛び交っていた。タクシーやバイクタクシーの運転手も彼らに支えられていた。

バンコクの街にイサーン料理の店が多いのもそのためだった。たれに漬けた鶏肉を外火で焼いたガイヤーン、豚ののど肉を焼いたコームーヤーン、ラープというミンチ肉を煮炒めした料理……。イサーン料理はビールに合うためか、日本人の間でもファンが多い。

しかしバンコクという街で、彼らは冷遇されていた。バンコクに生まれ育ったタイ人は、こちらが心配になってしまうほど彼らをバカにしていた。田舎者——それがイサーンの人々の代名詞だった。彼らが口にするイサーン方言を真似、皆で嗤《わら》う。イサーン出身者は振りあげたい拳を片方の手で押さえるようにして生きなければならなかった。

　バンコクへの出稼ぎの先に日本があった。収入はバンコクで働くよりはるかに多く、そこには彼らを嘲笑《ちょうしょう》するバンコクっ子の目もなかった。

　このイサーンを大票田にしていたのがタクシンだった。タクシンという政治家は、日本の政治家とはだいぶ違う顔をもっていた。日本の政治家にはさまざまなタイプがいるが、ひとつの分け方として与党系と野党系がある。それは保守系とリベラル系という分類とだぶってくる。それをタクシンにあてはめると、志向は保守系で政策はリベラル系ということになる。タイの政治家は財閥とつながっている人が多い。そんな政治家を保守系とすると、タクシンは新興勢力である。その力をのばすために、リベラル系の政策をとっていった。

　タクシンは通信ビジネスやコンピュータの世界で莫大な資金を手にし、新興勢力として頭角を現す。そして三十バーツ、日本円で百円強で医療が受けられる制度、村の特産品をつくっていくための基金、農民の借金の返済猶予や小さな事業者への融資、米の政府買いあげなどの政策を次々に実行していく。その多くが貧しい農民の救済策だった。

実際、その効果は大きかった。とくにイサーンの人々は、一気にタクシンを見る目が変わったという。これまでの首相は、バンコクをベースにした政策をとる人が多かった。イサーンなど眼中にないかのような姿勢をとる人すらいた。しかしタクシンはイサーンに向きあい、きっちりと実行していった。イサーンの人々にしたら、ようやく自分たちのことを考えてくれる政治家が出現したという感覚だった。

しかしタクシンは別の文脈でイサーンを眺めていた。イサーンはタイのなかでは面積も広く、その人口はタイ全体の三分の一を占めていた。その人々がタクシンを評価していく。これは大きかった。

タクシンが立ちあげたタイ愛国党は選挙で圧倒的な強さを発揮するのだ。タクシンはその後、タイ中部や南部からの反発や汚職などで窮地に立たされることもあったが、選挙をすると、再び勝ってしまう。イサーンの人々の支持が大きかった。最終的にはこの構造が、クーデターを起こし、赤シャツ派と黄シャツ派の対立を生んでいくことになるのだが。

荒川沖のリトルバンコクに暮らすタイ人たちも、圧倒的にイサーン出身者が多かった。そもそも日本に不法就労が目的でやってくるタイ人の多くがイサーンからきたのだから、当然だった。そして大多数がタクシンを支持していた。

リトルバンコクのアパートを訪ねると、彼らの電話が頻繁に鳴っているときがあった。しばらく部屋にいると、それがタイからの電話で、選挙後の開票の様子を次々に伝えてきていることがわかった。タクシン系の政党の立候補の当選の報が届くと、アパートのなかは大さわぎになった。なかには踊りはじめる男もいた。彼らのタクシン支持は揺らがなかった。

しかしリトルバンコクはトラブルが絶えなかった。そして僕はこの街のグロテスクな一面を目にしていくことになる。

多いのは病気だった。あるとき、ひとりのタイ人が下腹部に猛烈な痛みを覚え、救急車で病院に担ぎ込まれたという連絡が入った。病院へ行って様子をみてくれないかという。教えられた病院を訪ねたのは、その男性が入院した二日後だった。受付で面会を申し込むと、年配の看護師さんが現れた。婦長さんのようだった。

「困ったことが起きました」

「……？」

「今朝、担当の看護師が見にいくと、ベッドにその男性の姿がなかったんです。病院のなかを探したんですが……。どうも無断で帰ってしまったようなんです」

「帰った？」

ぴんときた。彼は逃げたのに違いなかった。問題は医療費だった。健康保険がないから、その額はかなりになる。そのタイ人はそれを知っていたのに違いない。知りあいに連絡をとった。アパートには帰っていないという。どこかに潜んでいるのだろうか。

担当の医師に会った。

「尿路結石ですよ。昨日、衝撃波を使って結石を破砕する手術をしました。その後の様子も落ち着いていたんで、まあ大丈夫かとは思うんですが。石の大きさにもよりますが、この手術は入院せずに外来でも可能なものですから。で、いなくなっちゃったんでしょ」

「そうみたいなんです」

「問題は治療費だね。そのあたり、事務と話してみてください」

「それと、ひとつ心配があって。彼の尿が緑色だったんです。なにか薬、飲んでたのかなぁ」

タイ人に電話をかけた。たぶんサムン・プライというタイの生薬だという。おしっこが緑色になるという。その男性は、タイからその葉を送ってもらったようだった。それを医師に伝えた。

「そうですか。私にはわからない薬なんで」

そこから支払い窓口に行かされた。すっと請求書を渡された。四十万円を超えていた。手術代のほかに、救急搬送、入院費などの金額が並んでいた。

事情を伝えた。僕の知りあいでもなく、いま彼がどこにいるのかもわからない……と。様子をみてきてといわれてきたことも告げた。

「そういわれても……」

事務員は困った様子だった。上司と相談してくると奥に消えた。

三十分ぐらい待たされただろうか。年配の男性職員が出てきた。

「これでうち、三件目なんです。治療の途中でいなくなってしまうのが。誰にも請求できずに困っていまして。おたく宛てに請求させていただけませんか」

「はッ？」

「いや、事情はわかっています。ただ、うちとしても請求を出さないわけにもいかなくて。払わなくても大丈夫です。受けとってさえくれれば」

「はっはぁ……」

戸惑いながらも、請求書を受けとった。

その後、これに似たトラブルは何回かあった。僕の机のなかには、いまも三通の請求書が残っている。そのなかの一通は百万円を超えている。

一度、あるタイ人女性が救急車で運ばれたという連絡で訪ねると、その女性は結核病棟のベッドに寝ていた。痛々しいほど痩せ、まるで飢餓のなかで栄養失調に陥り、ただ体を横たえる少女を見ているようだった。そのときはたまたま、テレビ局のカメラマンも一緒にいた。彼は、

「ちょっとカメラを向けられませんね」

と呟くようにいった。不法就労とはいえ、日本で生活しながら、どうしてここまで痩せるのかと不審に思った。医師との面会が待っていた。部屋には僕だけで入るよう

にいわれた。彼女の入院を知らせてくれたのは日本人だった。名前を告げない電話だったが、僕のことを病院に伝えてあったようだった。

「結核です」

医師はきっぱりといった。結核には詳しくなかったが、はたしてあそこまで痩せるものなのかわからなかった。それを訊こうとした瞬間、医師が目を伏せた。

（そういうことか……）

僕だけが入るようにいわれた意味がやっとわかった。彼女は結核ではなかった。しかし結核は法定伝染病だから治療費はかからない。そうでもしないと、彼女の体は戻らないのだ。そういうことだった。

「わかりました。ときどき近くまでくるので、時間がとれたら見舞いにきます」

医師は小さく頷いた。


「中絶したい……」

その電話をかけてきたのは面識のないタイ人女性だった。中絶というタイ語がわからず、困っていると、カタコトの日本語で説明してくれた。彼女も中絶という日本語を知らなかった。

産婦人科のクリニックに連絡をとり、荒川沖駅の前で待ち合わせた。まだ二十代の女性だった。レイバンのサングラスをかけた若いタイ人がハンドルを握っていた。彼が父親なのだろうが、なかなか訊けない。

車をクリニックの駐車場に入れてもらった。

「行こう」

僕は男にも声をかけた。しかし男は返事もせず、前を見ている。

「行こう」

もう一度、声をかけた。

「ここでは捕まらないから大丈夫だよ」

そういっても男は黙ったままだった。助手席に座る女性が男の腕を人差し指で突いた。男はなにも応えず、黙ったまま前を向いている。女性と目を合わそうともしなかった。

女性の表情は一瞬、硬くなったが、諦めたように肩の力を抜いた。そして僕のほうを振り返り、

「行きましょう」

といった。

初老の医師は、彼女をベッドに寝かせ、腹部に超音波装置の先端をあてる。モニターにぼんやりと映しだされた画像を示しながら説明してくれる。

「これがあなたの赤ちゃんだよ。いま十センチぐらいかな。ほら、動いてるでしょ」

通訳などしなくても、彼女はわかるようだった。中絶を考え直してほしいという医師の思いは伝わってくるが、不法滞在の身では無理な話だった。タイに帰国するしかない。

書類は僕が書き込むことになった。父親の欄にはなにも書かなかった。外に出て連れてこようとしても、彼は運転席から離れることはないだろう。正式な夫ではないことは会ったときからわかっていた。

「手術のときもきてもらえますか？　具合が悪くなることもありますから。それと書類にはあなたの名前や連絡先もお願いします。急な連絡もありますから」

「あの……僕は父親じゃないんですけど」

「わかってます」

その後、僕はもう一回、中絶に立ちあうことになる。同じクリニックだった。僕の名前が書かれた書類はそこに保管されているのだろうか。

中絶につきあってあげた女性は、僕へのお礼を用意していた。しかし僕は受けとらなかった。そんなつもりはもともとなかった。リトルバンコクの金の流れがわかってくると、受けとることはとてもできなかった。

それでは悪い……と彼らは思ったのか、僕にいろいろな情報を教えてくれるようになった。

そのひとつが密入国だった。不法滞在が増えるなか、タイ人の日本入国は年を追って難しくなっていった。そこで密入国という荒技が登場する。

リトルバンコクにいる知人が、ひとりのタイ人女性を連れてきた。彼女がもつパスポートには、タイ出国の印はあったが、日本入国のスタンプがなかった。その方法を女性は教えてくれたが、はじめはよく理解できなかった。免税店が並ぶフロアーから、出国審査ブースの脇を、身を屈めて入国してしまうという方法だった。流れはわかったが、そんなことができるのか、とも思う。

取材がはじまった。チェックインフロアーの待合室から見おろすと、その方法がわかってくる。出国審査を経て出るフロアーには、免税店が並んでいる。日本に入国する人はまっすぐに入国審査場に向かうことが多いから、それほど縁がない。しかしトランジット客は違った。乗り継ぎ客は、免税店エリアで買い物をする。事前に得ていた情報では、タイ人女性たちは成田経由のサイパン行きの航空券をもっているようだった。ビザがなければ、日本行きの航空券を買うことができない。日本のビザをとることは難しかった。そこで考えられた方法のようだった。つまり、簡単にビザがとれるサイパンを最終目的地にし、途中の成田空港はトランジット扱いにする。その成田空港で、日本に入国してしまうというわけだ。

　バンコクを発《た》ち、成田からサイパンに乗り継ぐ便に合わせて成田空港に向かった。何日通っただろうか。それらしきタイ人女性が三人、免税店フロアーに姿を見せた。案内役らしいタイ人の中年男性が付き添っている。その姿をカメラマンが写真に収める。僕は出国審査場への階段をおりた。そこには審査を待つ列ができていた。そのなかにサングラス姿の男性がいた。タイ人のような気がする。免税店フロアーにいるタイ人女性は、この男性からの合図で、審査ブースの脇を身を屈めて逆に進み、入国してしまうのかもしれない。

それは一瞬だった。免税店フロアーにいた女性が、スーッと出国審査の脇を、腰を低くして入ってきてしまった。誰も気づいていないようだった。

列についていた男性はやはり密入国グループだった。女性に寄り添ってチェックインフロアーへの階段をのぼっていった。その日、三人の女性は全員、日本に密入国してしまった。

この取材は週刊誌の記事になり、スクープということで編集部から金一封をもらった。しかし僕は素直に受け入れることができなかった。おそらく彼女らが次に現れる場所を僕は知っていたからだった。そこはリトルバンコクのタイ料理店の二階だった。

リトルバンコクに暮らすタイ人たちは不法滞在だった。入国審査の記録に名前があるだけで、住民登録もない。ましてや密入国となれば、日本にいないはずのタイ人である。そんな彼らがつくった街は、その存在すら曖昧だった。だからこういう場が誕生することが可能だったのだろうか。

そこは人身買売に近い場だった。日本にやってきた若いタイ人女性の多くは、ウエイトレスのような仕事といわれて飛行機に乗った。しかし日本で知らされるのは、渡航費やパスポート代、仕事への斡旋《あっせん》代などを含めた借金だった。

タイでの送りだし組織は日本のヤクザに通じていた。そして、日本でその組織とタイ人女性の間に立つのが、親と呼ばれるタイ人女性だった。彼女らがその金を組織に渡し、身受けするような形で新しくやってきたタイ人女性の保証人になった。

親のタイ人女性が、当時、三百万円だった借金の話を切りだす。そして、その金を払うには売春しかないことを諭《さと》すのだ。もちろん、やってきたタイ人女性は受け入れるわけがない。なかには半狂乱になる女性もいる。そんなタイ人女性をなだめ、騙された自らの境遇を伝えていく。説得力……それは親になった女性自身、かつて逆の立場として涙を流した過去だった。密入国組織は、再生産される被害者であるタイ人女性を巧みに使っていった。一年頑張ったら借金は返すことができる。そうすれば実の親に毎月、十万円以上の送金ができる。時間をかけて説得されていった。そして親との契約が結ばれていく。新しくやってきたタイ人女性は子と呼ばれた。日本での親と子の関係というわけだ。もちろん、親は三百万円のなかから手数料をもらう。親によっては、数人の子を抱えていた。決め手になるのは資金だった。

子たちは逃げだすことができなかった。フィリピン女性には教会という場があったが、タイの寺はその役割をもっていない。警察は彼女らにとって怖い場所だった。日本には支援団体があることも知らない。

こうして理不尽な日本への渡航を受け入れたタイ人女性は、リトルバンコクのタイ料理店の二階に向かった。そこには全国のタイ人スナックの経営者が集ってきた。そこでタイ人女性の働く店が決まっていく。人身売買だった。

僕はリトルバンコクを舞台に、いくつかの記事を書いた。それを読んだテレビ局から連絡が入った。テレビ朝日の『ニュースステーション』もそのひとつだった。そこで僕は通訳兼コーディネイターを受けもつことになる。できあがった番組は、長い特集になった。それから一週間ほどがたった。夜、電話が鳴った。

「ユージ、タムルアット（警察）」

リトルバンコクにいるタイ人からだった。声が硬かった。警察の一斉摘発だった。僕は急いで終電近い電車に乗って荒川沖に向かった。アパートに着くと、彼らは興奮気味に話しはじめた。数十台のパトカー、列をつくる護送車……主にタイ人スナックが摘発対象になったようだった。

「俺たち、危ないよ、ユージ」

ひとりがそういった。わかっていた。リトルバンコクにいたタイ人の多くはそう思っていた。

「あの番組がいけなかった」

警察はだいぶ前から内偵していたはずだ。不法滞在だけならこれだけの規模の摘発にはならない。リトルバンコクがヤクザに通じていることが問題だった。

コーディネイターといっても、僕に多くのことができるわけではなかった。実際、交渉してくれたのはタイ人たちだった。いちばん協力してくれた四人と、朝の電車に乗った。僕のアパートにしばらくいてもらうつもりだった。彼らは警察より、ヤクザを怖がっていた。

一斉摘発を機にリトルバンコクは忽然と消えた。荒川沖の駅前から眺めても、その風景はなにも変わらなかった。リトルバンコクは裏の街だったのだ。

タンマガーイ寺に僕を招待してくれたタイ人の多くと出会ったのが、リトルバンコクだった。彼らも何人かは、あのとき強制送還されたはずだ。

リトルバンコクが復活されることはなかった。しかし摘発から一年から二年の間に、多くのタイ人が日本に舞い戻っていた。すでに日本人との関係ができていたのだろう。パスポートの名前の英語表記を変えることは、タイではそう難しいことではない。彼

らは仕事のベースが日本でできあがっていた。多くがタイ人スナックだったが。

二〇二〇年の九月。僕は渋谷のハチ公前にいた。そこで現在のプラユット政権に反対するタイ人の集会があったからだ。その頃、タイでは、プラユット政権打倒や王室改革を要求する集会が頻繁に開かれていた。一時は約五万人が集まるほどの盛りあがりをみせていた。運動の中心は学生たちだった。若者たちは皆、黒いＴシャツに白いリボンをつけていた。

それに呼応する形で、日本でも集会が開かれたのだ。世界各地で同時に開かれたらしい。

ハチ公前に着いて首を傾《かし》げた。すでに百人ほどが集まっていたが、黒いＴシャツ姿の学生がいない。中央に集まっているのは中年のタイ人が多かった。女性もいる。

「いた」

荒川沖で知り会い、タンマガーイ寺に誘ってくれたタイ人がふたり。奥にはもっといるのかもしれない。彼らが集会のなかにいた。彼らはいまだ赤シャツ派、つまりタクシン派のはずだ。ということは、プラユット政権に反対するという主張は一致する。

プラユット政権は、赤シャツ派と黄シャツ派の対立のなかで生まれた。両派の対立は硬直状態が続き、そのなかで軍がクーデターを起こす。その後、憲法改正などを経て、軍が有利に政治を進める体制がつくられ、選挙を経てプラユット政権が成立した。一応、民政化の流れにはあるが、軍事政権がプラユット政権に移行したといってもよかった。

僕は集会をとり巻く人々のなかに進んだ。学生たちはそこにいた。ざっと二、三十人。コロナ禍でタイとの行き来は難しいから、皆、留学生だろう。バンコクの学生に倣《なら》って黒いTシャツ姿だった。目の前の女子大生は髪に白いリボンをつけていた。そこに「Ｄｉｏｒ」というロゴが見える。ディオールのなにかを買い、その袋を包んでいたリボンのようだった。

（ディオールか……）

ここ十年、いや二十年でタイはずいぶん豊かになった。賃金もあがった。ベトナムやインドネシア、ミャンマーからの技能研修生が話題になるが、タイからの技能研修生の話はほとんど聞かない。実際にはイサーンからやってくる人が少しはいるのだが、その数は知れたものだった。もう、日本で働いても割に合わないのだ。タイという国は、東南アジアの国々のなかで、頭ひとつ抜けた感がある。

　そこにはいろいろな要因があるが、日本不法滞在出稼ぎ組が、毎月送った仕送りも少なからず貢献しているはずだ。

　三年ほど前、タイのパヤオ県をバスで通ったことがあった。タイのなかでは出稼ぎが最も多い県だった。ここにはバーン・ジープンといわれる家がいくつかあった。日本人の家という意味だ。日本人男性と結婚したタイ人女性が、日本人の資金で建てた家だった。タイ人女性の両親が住んでいることが多かった。

　しかしそれ以外の家々も立派になっていた。タクシンの救済策もあったが、日本からの仕送りで改築された家も多いはずだった。そこで育った若者が、日本からの仕送りで大学に通う。プラユット政権反対や王室改革の旗を振る若者のなかには、そんな境遇の学生もいるはずだ。

　タイの経済成長の一端を、荒川沖のリトルバンコクが支えた気がする。その収入が売買春から得たものであっても。

　イサーンからリトルバンコクにやってきたタイ人は、実家への仕送りを続けた。なかには、タイ人女性の売買春にかかわり、子から親になり、そこからの稼ぎを送っていた女性もいるだろう。

　不法就労で日本暮らしの地盤をつくったタイ人は、その後も日本に暮らしている。そして彼らの政治への時計は、そこから進んでいない。赤シャツ派と黄シャツ派が激しく対立していたのは十年も前だ。いま、プラユット政権に反旗を翻す学生たちは十歳前後だったのだ。あの時代を知識として知っていても、包んでいた空気はわからない。

　集会に集まった学生たちは、

（あの中年の男性や女性はなんなのよ）

　と不審の目を向けているのかもしれない。かつてタイが揺れていたとき、赤シャツ派としてタクシン支持をマイクで呼び続けたからなのか、彼らは堂々としている。筋金入りの赤シャツ派なのだ。しかしその演説はもう古い。

　そんな中年の男性や女性が、タイの成長を支えたことを、とり巻くタイ人留学生たちは知らない。現在でも日本という国のなかで、いまだ日本赤シャツ隊として集まり、集会のイニシアチブを握ってしまう。その間に流れた年月は、ちょっと残酷にも映るのだ。

バンコク中心街を占拠した赤シャツ派。夜はここで寝る。タイスタイルの政治行動だ

各フロアーは赤いTシャツと化粧品のにおいで埋まった（東京・タンマガーイ寺）

リトルバンコク組を遠巻きにするタイ人留学生たち。世代は残酷（東京・渋谷）

column

タイの竹餅・カオラム

タイの長距離列車や長いバス旅を経験した人なら、「ああ、あれね」ときっと思いだすはず。カオラムである。

ターミナルの売店、列車に乗り込んでくる売り子が手にするかごのなか……。そこに竹筒が並べられている。

はじめはどういうものかわからない。不審げに眺めていると、売り子と目が合ってしまう。こうなると彼らの術中である。売り子は竹の外側を割き、「ほらッ」といった感じで中身を見せてくれる。こうなると、買わなきゃいけないモード。代金はだいたい二十バーツ、約七十円。

こうしてカオラムをはじめて口に入れることになる。

甘めの餅である。風味はココナツミルク。日本人のなかにはココナツミルクが苦手な人もいるが、大方は、その味にそこそこ満足する。しかし量は意外に多い。ひとりで一本を食べると、小腹を満たすどころではなくなってしまう。

さて、次のタイの旅。また列車やバスに乗

ることになる。バス旅では食事に苦労する。夜行バスを除いて、食事停車があるわけではない。そこを考え、乗る前に食料を調達しようとターミナルの売店に向かう。さまざまなものが並んでいる。パン類はすぐにわかるが、なんだかつまらない。それ以外のものは味を想像できない。そこにあるのがカオラムなのだ。これなら腹の足しになる……。

　かくしてカオラムがタイの旅のお供になっていくわけだ。

　何回か食べてみて、なかなかの優れものだとわかってくる。竹筒の内側の薄皮が餅の周りを覆っている。そのまま食べると、心地いい竹の風味が伝わってくる。そして手がべとつかない。こういうつくり方を誰が思いついたのかと思う。

※　※

　カオラムをつくってみようと思った。竹筒を外火で焼くため、室内でつくることは難しい。阿部稔哉《としや》カメラマンと東京都下の秋川渓谷のキャンプ場に向かった。

　材料はもち米、小豆、ココナツミルク、砂糖、塩。竹は通販でとり寄せた。アジア食材店でバナナの葉も買った。

　さて、川原のキャンプサイト。前日から水に浸したもち米に小豆を混ぜ合わせる。ココナツミルクには砂糖と塩を入れてかきまわした。ココナツミルク一リットルに対して、砂糖四百グラム、塩十五グラムの割合にした。砂糖はかなり入れる。

　竹筒にもち米と小豆を六割ほど入れ、そこに砂糖と塩を入れたココナツミルクを流しいれる。

　ここで最初のトラブル。ココナツミルクの粘度が高く、なかなか染み込んでいかないのだ。そこで水を足してみる。粘度のあるココナツミルクも、箸の先などで突いていくと少しずつ入っていく。

　結局、粘度が強いココナツミルクを入れたものと、水でやや薄めたココナツミルクを入れたものの二種類ができた。竹の口には、バナナの葉を折り、ねじ込んでふたをつくる。

　火にかざした。しばらくすると、熱せられたココナツミルクが、口に詰めたバナナの葉の間から、じゅくじゅくと出てくる。これが止まれば完成というのだが。

　しばらく待った。すると竹が焦げ、燃えはじめてしまった。慌てて消火。どうもマキの火が強かったらしい。

　一応完成。下のほうは焦げてしまったので上部を食べてみる。味はいい。が、もちもち感が少ない。竹の薄皮もない。やはり火加減だろうか。カオラムをうまくつくる道のり、少し長そうだ。

1

2

3

4

沖縄　アジアのにおいを探しに

アジアの街にはにおいがある。

決していいにおいとはいえない。炒めたニンニク、魚醤やガピと呼ばれることが多いエビ味噌などの発酵食品、車の排ガス、人々の汗……そんなものが混じりあっている。

たとえばバンコクのバックパッカー街。以前はネット予約が一般的ではなかったから、路線バスに乗って安宿街に着くと、ザックを背負い、宿を探した。疲れていたし、バンコクはいつも暑い。つらい時間だった。もっと先まで行けば宿代は安くなるかもしれない。どのへんで手を打つか……。ネット予約が普及したいまも、宿に辿り着くまではつらいことがときどきある。スマホに映し出された地図を頼りに進んでも、なかなかみつからないことがあるのだ。そんなとき、街のにおいにアジアを感じている余裕などない。そもそも自分の体が汗臭い。そういえば昨夜から列車に乗りっぱなしだった……。

しかし、においというものは不思議なもので、そのときの意識とは関係なく、脳裡の奥底に刷り込まれていく。そして、静かに、息を潜めるように、しかし決して消えることなく脳細胞に残っている。

体内に入り込んだ結核菌のようだ。健康な状態なら、菌は封じ込められているが、免疫力がさがるとのっそりと頭をもたげてくる。

いや、ウイルスか。アジアの旅のなかで、脳細胞にはにおいに反応する受容体がたっぷりとつくられている。意識もせずに道を歩いていると、その瞬間は、唐突にやってくる。つい周囲を見まわしてしまう。受容体にぴたりと接合するにおいが、その道には漂っているのだろう。

沖縄の那覇。公設市場。そのなかに入り込み、周辺を歩いたとき、体のなかに潜んでいたアジアのにおいの受容体が反応してしまった。においの記憶が目を覚ましてしまった感覚である。

「そのとき寒気を感じるんですよ。風邪のひきはじめのような」

そういう友人は多い。アジアを歩き、沖縄の市場に足を踏み入れたとき、音を立てて受容体が反応をはじめる。それは不快でもある。しかしその違和感は、やがて体のなかに格納されていく。

はじめて那覇の公設市場を訪ねたのは三十五年近くも前だ。僕は台湾から船で石垣島に渡り、さらにフェリーで那覇に着いた。おそらく那覇の公設市場にも行ったと思うのだが、まったく記憶がない。そのときの僕の体はアジアのにおいをまとっていた。石垣島への船が出港した基隆《キールン》の街には市場が広がっていた。石垣島では公設市場で八重山そばを啜《すす》っていた。においの世界では、台湾から平坦な道のりの先に那覇の市場があったような気がする。

那覇の公設市場に、寒気を感じるほどアジアを感じたのは、それから何年かがすぎた昭和が終わる年だった。

なんの取材のために沖縄の西表島《いりおもてじま》に滞在していたかの記憶はない。しかし滞在中に昭和天皇が亡くなった。ときどき仕事をしていた週刊誌の編集部から連絡が入った。それは天皇について、沖縄でコメントを拾う仕事だった。西表島には、かつて炭鉱で働き、そのまま島に残った台湾人がいた。彼らから話を聞いた。

「あなたにとって昭和天皇はどう映るのですか？」

いまになって思えば、それはその後の沖縄を暗示させる問いかけでもあった。平成の時代に入り、沖縄の本土化は静かに、しかし着実に進んでいくことになる。しかし当時の僕は、こと沖縄についていえば、まだその入口にも立っていなかった。

西表島の帰りに那覇に寄った。国際通りから市場通りに入り、公設市場に足を踏み入れた。それは嵐のなかに放り込まれたような感覚だった。そこはアジアのにおいに包まれていた。

アーケードの下には湿った暑い空気が垂れ込めていた。削り節のようなにおいに、カビや線香のにおいが絡まっている。柔らかい甘さと排ガスのにおいが混じっている。そして人々が発する汗の饐《す》えたにおい……。

アジアだった。

当時の僕は、三〜四カ月、日本で働き、二週間ほどアジアに向かうような日々をすごしていた。日本にいると、どこか体が重くなっていくような感覚に陥っていく。しかしアジアの空港に降り立つと、日本という国が放つ強い磁場から解放された。

390円
くすり
¥390

しかし沖縄があったのだ。

沖縄はアジアと日本の間に弧を描くように連なる島々である。日本の南端だったが、アジアの北端ともいえる。市場にはアジアの空気が漂っていた。

それから僕は、においに誘い込まれるように沖縄にのめり込んでいくことになる。周囲からは沖縄病ともいわれた。しかし僕の感覚は少し違っていた。アジアから沖縄までは平坦な道がつながっているという安堵感といったらいいだろうか。それは後になって、本土の人間の思いあがり……という厳しい視線に晒《さら》されることになるのだが、当時の僕は、沖縄にのめり込むことで、アジアと日本の間を埋めようとしていた気がする。

那覇の公設市場には足繁く通うことになった。市場に入り、二階にあがるエスカレーターの手前に、大城のオバァの店があった。オバァとは沖縄方言でおばあさんのことだ。スクガラスというアイゴの稚魚の塩辛を買ったことが縁で顔を覚えられてしまった。前を通ると笑顔を送ってくる。

この店で、沖縄は定価社会ではないことを知った。大城のオバァから同じ物を買っても、午前中と午後で値段が違った。

頼まれた土産が足りないことがわかり、夕方、大城のオバァに店に行くと三百五十円だという。実は午前中に同じものを買っていた。

「朝買ったときは三百二十円だったけど……」

大城のオバァは顔色ひとつ変えず、笑顔を返してくる。煙《けむ》に巻かれる不安……。オバァはそれを察して、シーブンと沖縄でいうおまけをくれる。米軍基地の裏から流れ出たような英語表示だけのガムやチョコが多かったが。対応のすべてがアジアだった。

そして沖縄ブームを迎えていく。そのなかで僕は『沖縄オバァ烈伝』という書籍の製作にかかわっていく。そのなかで大城のオバァも登場した。

あれから二十年近い年月がたった。

先日、那覇で知人と会った。彼とは沖縄本を何冊かを一緒につくった。

「最近、オバァという言葉を使わないほうがいいっていわれるんですよ。新聞社や出版社から」

僕もそれは知っていた。ババアというようなニュアンスがあるという人もいる。しかし沖縄では、オバァ自ら、「オバァはねぇ……」という。その柔らかな響きも、僕にとってはアジアだった。優しさを装い、しっかりと儲けを上乗せするためにオバァという呼び方があったような気もするのだ。沖縄ブームの本質はそんなところにもあったはずだ。

この二十年で、沖縄の本土化は急激に進んだ。そして公設市場も建て替えられることになった。いまはシートで囲まれている。

そんな公設市場界隈を歩く。すっかり薄くなったアジアのにおいを探す。まるでマーキングした場所を探す犬のように。

那覇の栄町市場。再開発の波が洗う牧志の市場より沖縄が漂っている。僕はいま、もっぱらこの市場。その点描を——

栄町市場の精肉店は肉を斤で売っていた。グラムではなく斤……。一瞬、固まった

沖縄の天ぷらは衣が厚いフリッター風。メニューのサンマ、サケも天ぷらです

沖縄の惣菜。油の多い炒め物が多い。肥満の元凶が市場には並んでいる

column

東南アジアとつながる沖縄かまぼこ

沖縄には二種類のかまぼこがある。ひとつは、本土のかまぼこ。白いものが多いだろうか。これは油で揚げていない。

沖縄の行事では、料理を重箱に詰めて出される。そのときはこのかまぼこ。人によっては、「重箱のかまぼこ」といったりする。

もうひとつは油で揚げたかまぼこだ。このバリエーションは広い。沖縄かまぼこという人もいる。昔はチキアギと呼ばれていた。いや、いまでもそう呼ばれるか。

この二種類のかまぼこだが、それぞれが伝わったルートが違う。

「重箱のかまぼこ」は本土から伝わってきた気がする。沖縄という島は、アジアと日本の間にあるから、双方の文化が伝わる。

沖縄の人々の意識を遡っていけば、日本にすり寄っていく要素が強い。日本の風習を真似ようとすることは多い。行事のときの重箱に入るかまぼこである。

沖縄の人にとって、本土のかまぼこは貴重品。値段も高い。油で揚げていないので足も早い。そういうものだった。

チキアギは東南アジアから伝わった。タイにはトートマンプラーという料理がある。魚のすり身を揚げたものだ。それが沖縄に辿り着く。油で揚げるのは腐ることを防ぐ効果がある。このチキアギが九州の薩摩に伝わり、さつま揚げになっていく。

二種類のかまぼこは、みごとに沖縄の立ち位置を表していた。

沖縄に行くと、僕はよくかまぼこを食べる。油で揚げてあるタイプ。チキアギである。ビールや泡盛のつまみにいい。

栄町市場の『おとん』という店に行くことが多いが、そこに「グルクンのかまぼこ」がある。必ず注文する。油で揚げてあるのだが、油っぽさはなにもない。さっぱりしている。グルクンというのは、本土でいえばタカサゴ。白身の魚だ。

帰りの飛行機に乗る前、よく買うのが沖縄かまぼこ。那覇市内で買えばバリエーションも増えるのだろうが、いつも時間がないから、那覇空港の店。たまに「じゅーしーかまぼこ」があると、ちょっとうれしくなる。「じゅーしー」というのは、沖縄風炊き込みご飯。それが沖縄かまぼこのなかに入っている。「じゅーしーおにぎり」をかまぼこでくるんでいると思えばいい。朝とか昼に食べる。幸せな気分になる。

石垣島や宮古島から戻るときは市場やスーパーでかまぼこを買うことが多い。

※　※

沖縄にもしばしば同行する中田浩資カメラマンが、沖縄かまぼこづくりに挑戦した。白身の魚肉をフードプロセッサーにかけ、さまざまなだしを入れ、ニンジンなども入れる。本格的な手づくりに挑むという。

僕が軟弱でそこまでは……としり込みしていると、中田カメラマンから、できあがったチキアギのおすそ分け。

さっそくビールを用意してチキアギを食べてみた。やはりこの沖縄かまぼこ、つまりチキアギは酒に合う。すっと体に入ってくる。泡盛の水割りがほしくなる。そんなことをしていると、意識は沖縄に飛んでいってしまう。石垣島の海辺で食べた「じゅーしーかまぼこ」、那覇の市場にある飲み屋で食べるグルクンのかまぼこ。

沖縄かまぼこは沖縄を誘う。

1

2

3

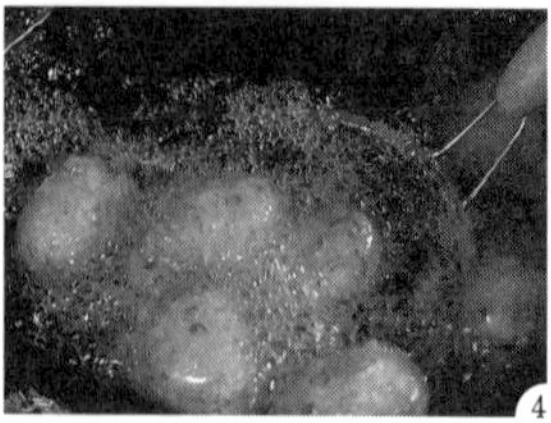
4

心ほぐれるミャンマー人の寿司

僕は長くバングラデシュの小学校の運営にかかわっている。小学校があるのは、バングラデシュ南部のコックスバザール。仏教寺院のなかにある小さな学校だが、生徒数は百四十人ほどいる。

コックスバザールにはラカイン人が住んでいる。少数民族である。彼らが学校運営を支えてくれている。

ラカイン人は昔、いまのミャンマーからバングラデシュに広がる一帯にラカイン王国をつくっていた。しかし民族間の紛争や植民地政策という波を受ける。とくにこの一帯を植民地化したイギリスは、抵抗するラカイン人の勢いを削ぐために、彼らが暮らすエリアを東西に分断する国境線を敷く。それがいまのミャンマーとバングラデシュの国境である。ラカイン人はミャンマーとバングラデシュにわかれての暮らしを余儀なくされてしまう。

僕が運営にかかわる学校は寄付が頼りだ。ときどき五万円、十万円と寄付を届けてくれる団体があった。ミャンマーから日本にやってきたラカイン人のグループだった。たまに会い、お礼を伝えていたが、彼らと、寿司屋の開店でかかわるとは思ってもいなかった。

話は二〇一九年の一月に遡る。バングラデシュ側から日本にやってきたラカイン人のトエモンが連絡してきた。

「寿司屋を開く話があるんですけど……」

彼とは長いつきあいだった。はじめて会ったときはダッカ大学の学生だった。ダッカ大学は日本でいえば東大にあたる大学である。彼はそこで農業経済を学んでいた。大学院生だった。バングラデシュ南部のコックスバザールから日本に帰るとき、夜行バスに乗ることが多かった。利用する飛行機の出発が午後や夜になるとき、よく彼の部屋で休ませてもらった。学生寮の一室だったが。

やがて彼は日本にきた。東京農工大の大学院生になった。ここまではすんなり進んだのだが、大学院を卒業する時点で、なかなか就職先がみつからなかった。日本の大学の研究者枠は狭い。農業経済に関連した企業に履歴書を送っても反応はほとんどなかった。結局、ＩＴ系企業でシステムのバグを探すような仕事に就くしかなかった。

「なにかいい仕事はないだろうか」

何回か相談は受けていた。しかし、外国人であることと高い学歴が邪魔をしてしまう。

だから寿司屋？

トエモンは鞄のなかからクリアファイルをとりだした。そこにはエクセルを使って書き入れた細かな数字が並んでいた。会社の経理用語でいうＰＬというものだった。損益計算書だった。

彼の説明によると、それは彼の知りあいのミャンマーからやってきたラカイン人が働く寿司屋のＰＬだった。正確なものではなかったが、彼がそのラカイン人から聞きだし、数字を打ち込んだものだった。そのラカイン人は、寿司屋の店長をしていた。打ち込まれた数字に大きな間違いはないと思うといった。

「すごく儲かっているんですよ」

寿司屋は東京都内に十軒ほどの店を構えるチェーン店だった。百席ほどがある店だという。

「彼や、彼の仲間は独立したがっているんです。いまの給料は三十万円ほど。自分たちでやれば、もっと大きくなる。会社をつくろうと思うんです。ラカイン人だけで。十人ほどのメンバーがもう賛同している。ひとり百万円ずつ出すっていっているんです。それを資本に一軒の寿司屋をつくる」

「トエモンはどうするの？」

「マネージメントをしようと思う」

「いまの会社は？」

「本格的にやるなら、いまの会社に行っている時間はないと思う。それで下川さんに皆と会ってほしいんです。もう何回か会っている人もいる。バングラデシュの学校に寄付をしてくれているメンバーだから」

寿司屋の開業。僕には縁遠い世界だった。編集プロダクションの経営にかかわったことはあった。しかし社長ではなく、役員だった。会社経営に本腰を入れたわけではない。そういうことには向かないタイプだと思ってもいた。会社の経営が肌に合う性格なら、原稿を書いて暮らす道など選んでいない。

それよりもトエエモンの生活が心配だった。彼は日本人の女性と結婚していた。子供もひとりいた。脱サラである。そんなにうまくことが運ぶとは思わなかった。

それから二週間ほどして、僕は寿司屋を開こうとしているメンバーと会った。八人ほどが集まった。たしかに初対面ではないラカイン人も何人かいた。これまで、いつも大人数で会っていたため、名前を覚えられなかったが、顔の記憶はあった。

ラ・シュイ。ニイニイサン。見覚えがある顔だった。ふたりを中心に寿司屋を開くようだった。ふたりとも日本にきて二十年以上がたっていた。日本語もうまかった。同じチェーンで働いていた。店は違うが、ふたりとも店長だった。

「チェーンの本部というか、社長のほうの承諾はとれる？　ある意味、競争相手になるんだから背任行為になるかもしれない。それに魚や酒の仕入れとか、いまのチェーン店に協力してもらったほうがスムーズにいくんじゃないかな」

「たぶん問題ないですよ。店長までやった日本人が独立するのを見てましたから」

ラ・シュイがそういった。考えてみれば、背任を問われるのは役員以上だった。訊くと彼らは契約社員だった。仕入れも彼らが直接やっていた。仲介業者との間には人間関係ができているようだった。皆で近くにあったミャンマー料理屋に入った。少しビールを飲んだ。ニイニイサンがこんなことをいった。

「最近、なにかつまらないんです。頑張ってやってきて、店長にまでなった。もっと店の客を増やそうとアイデアを練る。細いことはすぐに採用されるけど、チェーンの経営の話、たとえばバイトの給料っていった話になると、会社は聞いてくれない。そういうことは日本人の幹部がやるって感じ。このままだと、ずっとただの店長ですよ」

ニイニイサンはトエエモンと同じような目をしていた。皆、能力があるのだろう。トエエモンは国立大学の大学院を卒業している。ラ・シュイやニイニイサンは、売れ筋のネタの仕入れの根まわしをし、バイトの日本人をうまく使っているのだろう。しかしそこまでなのだ。その先にある日本や日本人の壁にぶつかっていた。

それはしばらく前から感じていたことだった。ラカイン人に限ったことではなかった。知人のタイ人は、五軒のラーメン店を切り盛りしていた。朝にすることは、店にくるのが遅れそうなバイトの若者を電話で起こすことだった。

「もう起きた。昨日は一時間の遅刻でしょ。またバイト代が減っちゃうよ。はい、起きて、顔、洗って……」
午前十時からは自転車で一気に五軒をまわる。麺や野菜などの量をチェックする。野菜が足りないと感じたら、なじみの八百屋に電話を入れる。届ける時間がないといわれると自分でとりにいく。そしてスープの味をチェック。書き入れどきの昼に備えるのだ。バイトのスタッフが出勤してきているのかもチェックしなくてはいけない。五軒の店のマネージメントをひとりでやっているようなものだ。

皆から信頼されてもいる。ポンさん、ポンさんとコックからは呼ばれている。とにかく人あたりが柔らかい。しかしスタッフの働き具合はきちんと見ている。バイトには厳しくあたるときもある。

「最近の日本の若者は本当にダメですよ。働き方を見ていても、要領が悪い。注文も間違えるしね。昔はもっと頭がよかった」

彼の動きを見ていると、うまいなあといつも思う。人の扱いがうまいのだ。タイ人だからというわけではない。おそらく天性のものだと思う。

一度、ある日本企業のバンコク支社から講演の依頼を受けたことがあった。打ち合わせを兼ねてバンコクの居酒屋で食事をすることになった。支社長は三人の部下を連れて現れた。きちんとした背広とネクタイ姿の青年がふたり、女性がひとり。名刺を交換し、わかった。女性はタイ人だった。男性ふたりは中国人とカンボジア人。皆、日本語がうまかった。日本の大学を卒業しているという。カンボジア人は大学院まで行っていた。酒が入り、支社長の口が軽くなる。

「会社じゃや、こういうことはいえないんだけど、この三人、優秀ですよ。バンコク支社には、日本採用が十五人ほどいるけど、そのなかでは、この三人が頭ひとつ抜けている。ものわかりが早いっていうのかな、地頭がいいんだろうね。そこへいくと日本人はさぁ……」

　支社長は笑った。

　日本でもこの種の話をときどき耳にした。就職のエントリーシートの対象を、韓国や中国、東南アジアの学生まで広げている企業もあるという。

　しかし日系企業に採用されたアジアの学生たちも、しばらくすると、トエエモンやニイニイサンのように、日本という壁にぶつかってしまうのかもしれなかった。日本企業のグローバル化は、昔に比べればだいぶ進んだのかもしれない。しかし本丸のな

かにはなかなか入れさせない風土はいまだ残っている気もする。

バングラデシュの小学校を支援する日本人のメンバーのなかに、会社の設立などに詳しい人がいた。その人を通して行政書士や弁護士とつながり、会社はあっさりと設立された。こんなものか……と気が抜けるほどだった。ラ・シュイやニイニイサンは日本語はうまいが、読み書きとなると頼りなかった。それを担当したのがトエエモンだった。ミャンマー人が日本でつくった会社はいくつかあるのかもしれないが、ラカイン人となると、おそらく日本で最初ではないかと思う。

そこまではうまくいったのだが、物件探しで座礁に乗りあげてしまった。仲介を頼んだのは、飲食店専門の不動産会社だった。もともとある飲食店をそのまま使う〝居抜き〟を含め、さまざまな物件を紹介された。不動産会社の担当者との関係はよかった。

「いや、ときどき外国人のお客様はいるんですけど、日本語を話すことはできても、メールのやりとりや文書となると、なかなか難しい人が多いんです。しかしトエエモンさんはすごいですよ。日本人と同じようにメールのやりとりができるんですから。正直、楽です。日本人のお客様と同じですから」

と、商売の笑みとは違う安堵をみせていた。

彼らの希望は、新宿や池袋といった繁華街の店舗だった。彼らが働いているチェーンの寿司屋が、東京の盛り場に出店していたからだ。客の多くがサラリーマンだった。山の手線沿線の駅に近い店は、午前零時から午前二時ぐらいまでがいちばん儲かるとラ・シュイはいっていた。

「終電で帰ってきたサラリーマンが寄ってくれるんですよ。ビールと寿司。遅い夕飯って人もいるし、飲み直しの人もいる。酒の席の締めにカウンターに座る人もいます」

彼らが働いている店は、純粋な寿司屋というより、居酒屋の役割も兼ねていた。寿司居酒屋とでもいったらいいだろうか。寿司や刺身のほかに揚げ物もある。寿司は一貫二百円から三百円といったものが多く、回転寿司より少し高いという設定のようだった。

こんなスタイルで、サラリーマンがきてくれたら、うまくやっていく自信が彼らにはあるようだった。

最初に紹介されたのは地下鉄の新宿御苑駅に近い物件だった。カフェとして営業していたようで、昼はカフェランチ、夜はサラリーマンがビールを飲むような洋風の店だった。新宿御苑はオフィスビルも多く、サラリーマンがかなりいる。条件に合っていた。しかし家賃が月六十万円もした。

「あそこでいいんじゃないかな」

その物件の向かいにあったファストフードの店でコーヒーを飲みながら、ラ・シュイとニイニイサンは頷いた。トエエモンは隣でなにやらパソコンを叩いている。

「ちょっ、ちょっと……家賃は六十万円だよ。保証金や手数料とかで最初に十カ月分は必要だって不動産会社はいっていたから、それで六百万円はかかるでしょ。あの店は洋風のカフェだから、内装も変えなきゃいけない。日本は内装代、高いよ。たぶん諸々で、皆がもち寄った一千万円が消えちゃう。自己資金ゼロで開店って……。仕入れの費用もかかるでしょ。はじめはそれほどお客さんもこないと思うし」

「三軒隣がコンビニでしょ。コンビニが出店する立地なんだから、うまくいきますよ」

「この物件を紹介されたときから思っていたんだけど、都心の店からはじめなくてもいいんじゃないかと。私鉄の沿線なら、家賃が二十万円を切るような物件もあると思う。そういうところでまずやってみる。そこで成功したら、都心に進出するって考えたほうが。日本人なら、そう考えると思うな。飲食店はそううまくいかないよ」

そのとき、パソコンを眺めていたトエモンが顔をあげた。

「この物件でなんとかなると思う」

「おい、おい……」

トエモンのなかには、なにかの算段があったのかもしれないが、いくらなんでも……。しかしこの三人はどうしてこんなに強気なのだろうか。

あの頃はまだ新型コロナウイルスも知らなかった。ミャンマーでクーデターも起きていない。民政化に舵をとってから八年がすぎようとしていた。不協和音は鳴り響いていたが、ミャンマーの経済は成長路線に火がついていた。バングラデシュには、安い賃金を求めて世界のアパレルメーカーが進出していた。次々に建つビル、市内で起きる渋滞。高度経済成長の予感すらあった。それに比べれば、バブル経済が崩壊してからの日本は、目を覆うような不況もなければ、目を輝かすような好景気もなかった。新しく店をつくるような話にも慎重で、もしうまくいかなかったら……不安が先に顔をのぞかせることは癖のようにもなっていた。

しかしラカイン人の三人は強気だった。訊くとラ・シュイとニイニイサンには奥さんも子供もいた。ふたりとも収入が安定したから、ミャンマーから呼び寄せたのだという。しかし、新しい店はどう転ぶかわからない。それなのにはじめから決めていたかのように決断は早かった。この話が出たとき、奥さんにも話しているのかと訊いたことがあった。ふたりとも、「大丈夫」と胸を張った。いったいなにが「大丈夫」なのだろう。

ミャンマーも大きく変わった。女性もしっかりと主張する社会になりつつある。その奥さんたちも同意しているという。日本人とはなにかの感覚が違うような気もした。

しかし結局、新宿御苑の物件を借りることはできなかった。不動産会社レベルではなんの問題もなかった。しかし大家が首を縦に振らなかった。不動産会社も商売だから、日本語でやりとりができることや、一般的に思われている外国人とはレベルが違うことも伝えたというのだが。大家に会わせてくれないかと、三人は申し出た。それを不動産会社が話すと、「そういうことは不動産会社に任せている」という返答がきたという。堂々巡りだった。大家は外国人に貸したくはないということだけだった。

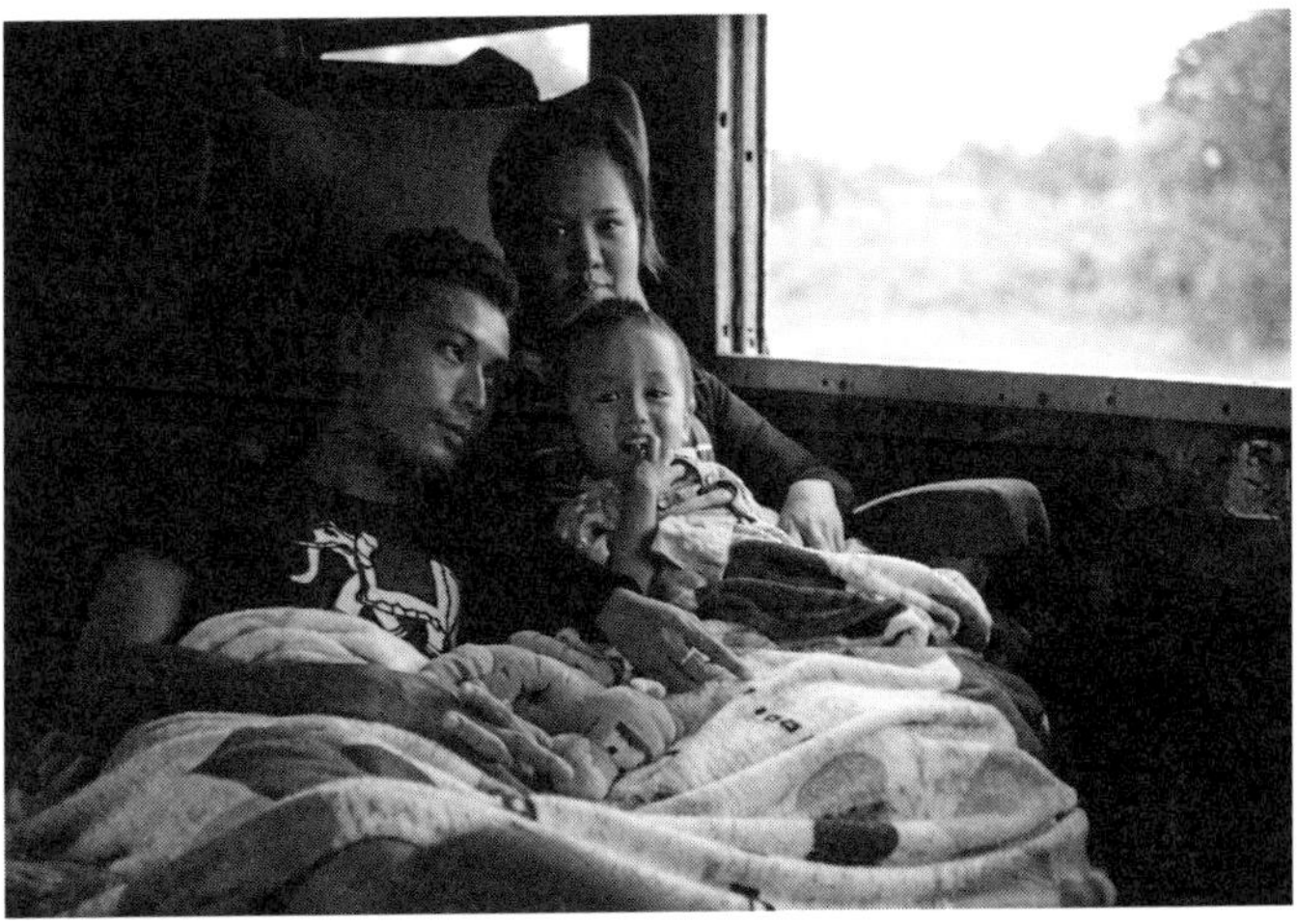

不動産会社は四ツ谷の物件、大崎の物件なども紹介してくれた。その都度、下見をし、三人はどこも即決に近い決断をくだしたが、決局は大家の壁が立ちはだかってしまった。

外国人が店を出すエリアが偏っていく理由がわかった。ミャンマー料理店が高田馬場に多いのは、簡単に物件を借りることができるためだった。新大久保、池袋、西川口……。東京の都心や近郊でエスニックタウンができあっていく背後にはそんな事情があったのだ。

しかし彼らがミャンマー料理店を開くならそれでよかったかもしれない。だが寿司屋なのだ。客は日本人が中心になる。エスニックタウンというわけにはいかなかった。なかなか店は決まらなかった。断られた物件は五軒を超えた。そこにも日本という壁があった。

新しい物件の下見をしながら、ラ・シュイとニイニイサンとよく話をした。

ふたりとも難民申請をしていた。留学生をのぞけば、ミャンマー人が長く日本に滞在するための限られた手段だった。日本はほとんど難民を受け入れてはいなかった。難民を受け入れるということには、政治的な意味が込められていた。

難民の多くは、現地の政権から逃がれてきた人々である。その難民を受け入れるということは、その政権を支持しないという意味あいになる。ミャンマーに限っていえば、軍事政権を嫌って日本にやってきたミャンマー人を難民として受け入れることは、日本がミャンマーの軍事政権を受け入れないという意思表示につながった。日本の経済界はミャンマーとのパイプをもっていた。第三国を介在させてのビジネスもあるといわれた。つまり、ミャンマーの軍事政権を頭から否定することはできなかった。

難民として受け入れることはなかなか難しかった。しかしミャンマーに戻すことは、人道的立場からできなかった。そこで玉虫色というか、グレーゾーンをつくっていた。それが「特定活動」や「仮放免」だった。難民としては受け入れないが、一定期間は日本での滞在を許可するというものだった。「特定活動」は働くこともできた。

日本にやってくるミャンマー人には、ひとつのルートができあがっていた。来日し、ミャンマーの軍事政権に批判的な日本人弁護士や行政書士と一緒に、出入国管理局に出向き、難民申請を出すことだった。狙いは一定期間以上の「特定活動」だった。ラ・シュイとニイニイサンも、その方法で寿司屋で働いた。その間は、半年、一年といった間隔で出入国管理局に出頭しなくてはならなかった。

「特定活動」という立場は不安定だったが、働くことができた。彼らは軍事政権を嫌っていたことはたしかだった。すんなり話が決まるわけではないが、日本に入国すれば、働くことができることを知ってやってきた面もあった。人によっては、その立場が、労働許可のように映っていたのかもしれない。

　しかし仕事を探すのは大変だった。日本語はまったく話すことはできなかった。いまは日本にもミャンマー人が多く、ミャンマー料理店の皿洗いなどといった仕事にまず就くといったルートができあがっている。しかしラ・シュイやニイニイサンがきた頃は、そんなミャンマー人ネットワークは脆弱だった。

　そんな彼らを雇ってくれたのは一軒の寿司屋だった。それだけのことだった。彼らはいま、寿司職人として胸を張ってカウンターに立っているが、雇われたとき、寿司の握り方などなにも知らなかった。いや、そういうレベルではない。寿司の存在は知っていたが、食べたことはなかった。いや、それ以前に、生の魚を食べることができなかった。

　ずいぶん乱暴な話である。雇った寿司屋の親方は、東南アジアの人たちは生の魚を食べないということすら知らなかった。寿司屋ひと筋、昔気質《かたぎ》の男だった。

ふり返ってみれば、それがよかったのかもしれない。ラ・シュイやニイニイサンのなかには戸惑いもあったかもしれないが、どんな仕事であれ、働かなければ収入がなかった。日本で生きていくことができなかった。

主人は日本語をまったく話すこともできないミャンマー人を、なぜ雇ったのだろうと思うことがある。やはり人手不足だったのだ。いや、それ以前に、寿司職人になろうとする日本人の若者がいなかった。寿司職人の修業は厳しい。一時代前に寿司職人になった世代だから、ときに手も出る。そんな修業を若者たちは極端に嫌った。なかには寿司職人に憧れる若者もいるのだろうが、多くが長く続かなかった。そんな現実を寿司屋の親方は目《ま》のあたりにしていたのだろうか。だからといって、生の魚の前で固まってしまうミャンマー人を雇うというのも……。

親方は店の掃除や皿洗いといった補助的な仕事を頼もうとしていただけなのだろうか。しかし昔気質の男はつい教えてしまう。根はいい人なのだ。しかしすぐにきつい言葉が口をついて出てしまう。

しかしラ・シュイやニイニイサンは辞めなかった。収入がなくなることのほうが怖かった。必死でわからない日本語を想像力で補い、夜はタオルを握って米の握り具合を覚え込もうとした。

新型コロナウイルスの感染が広まり、客がめっきり減ったときに店を訪ねたことがあった。ラ・シュイは、

「日本語がまったくわからなくて、修業をしていたときに比べれば、新型コロナウイルスなんてたいしたことないですよ」

と笑った。彼にしたら、当時の不安とつらさは、コロナ禍以上のものだったらしい。

しかし下働きは長かった。毎日、毎日、親方から怒鳴られ続けた。しかしその間に、親方は魚のさばき方、氷の締め方を教えてくれる。「やってみろ」といわれて包丁を握り、また怒られる。

「あるとき、ふっと思ったんです。親方はミャンマー人だから怒ってるんじゃない。僕がうまくできないから怒鳴ってるんだって」

そう思うと、胸のなかにあったなにかがスーッと消えた。日本にきてよかったと思ったという。ミャンマーはまだ軍事政権が続いていた。ほかの国に比べるとミャンマーの電話回線は頼りなく、根気よく番号を押さないと電話がつながらない。ミャンマーにいる友人は皆、仕事がないと訴える。そんな会話も盗聴を気にして短めにすませ

る。彼らの分まで頑張らないといけない……と電話を切るといつも呟いていた。

やがてつけ場に立つようになった。つけ場というのは、カウンターの内部のことをいうが、客の側から見ると、カウンターの前に立ち、客の注文を聞いて寿司を握る職人の位置になる。はじめて立ったときは足が震えた。寿司を握るだけではない。日本語のやりとりになる。やっとつけ場の空気に慣れてきたとき、ある客からこんなことをいわれた。客は少し酔っていた。

「なんで外人が寿司を握ってるんだよ」

ラ・シュイとニイニイサンは、それほど肌の色が濃いわけではない。ネクタイを絞め、白衣を着て、白い帽子を被った姿は、一見、日本人にも映る。しかしよく見ると、ミャンマー人の顔をしている。しかしそんなとき、助け船を出してくれるのは、隣に座る常連客だったという。

「こいつはいい寿司を握るんだよ。まあ、食べてみてくれよ」

ラ・シュイとニイニイサンはまだ必死だった。魚の味を覚え、常連客の好みを頭に入れていく。どのタイミングでサービスをそっと出したらいいか……。そんな日々を重ねていった。そんな二十年がすぎていった。

在留資格が不安定という立場は長く続いた。しかし何回も出入国管理局に出向き、さまざまな請求を出すなかで、ようやく日本での在留権が手に入った。正式に日本で働くことができる。ミャンマーから奥さんと子供を呼んだ。

そんな日々のなかで、日本の壁を感じるようになっていったのだ。腕のいい店長まではなれても、その上にのぼる階段がない。

物件はなかなか決まらなかった。大家のなかには、曖昧な返事を繰り返し、日本人の借り手が現れるとそちらで即決という人もいた。このままじゃ、いつまでたっても決まらない……浅草の物件の話が届いたのはそんなときだった。不動産会社を通し、すぐに大家に確認をとってもらった。外国人でも大丈夫だという。

さっそく皆で物件を見に出かけた。雷門にほど近いビルの二階だった。以前は喫茶店だったという。入口脇には広くはないが、ステージがあった。訊くと、ときどき、落語の独演会が開かれていたという。落語喫茶といったところだろうか。

ラ・シュイとニイニイサンは、少し迷ったようだった。店の規模は問題ないのだが、浅草という土地柄だった。彼らが得意にするサラリーマンが少ない街なのだ。当時はインバウンドが全盛で、レンタルの着物姿の欧米人やアジア人女性が、仲見世をぞろ

ぞろ歩いていた。しかしサラリーマンの姿はない。そもそもオフィスが少ないのだ。

　しかしふたりはすぐに顔をあげた。

「ここにしましょう」

　僕は浅草という街を少しは知っていた。昼は観光客でにぎわっているのだが、夜になると、人通りはなくなってしまう。浅草六区あたりは深夜まで店があいているのだが、物件のある雷門界隈《かいわい》は、夜も十時になると閉まる店が多かった。江戸時代からの伝統だと聞いたこともある。吉原へ行く前の腹ごしらえという役割が浅草にはあったのだという。夜になり、客を吉原に向かわせるために、浅草の店は早く閉める習慣だったとか。

　しかし寿司屋をする以上、それでは困るのだ。

「わかってる？　このあたりは十時になると、人通りがほとんどなくなって、暗い一帯になってしまう。それで大丈夫？」

　しかしトエモンを含めた三人はのんびりとした面持ちで、まだ電気を使えない状態の薄暗い店内を眺めている。

「店がなかなかみつからないでしょ」

「それはそうなんだけど」

彼らはものすごい現実主義者なのだろうか。どこで店を開いてもうまくやっていける自信があるのだろうか。

結局、店は浅草で開くことになった。資金を出すのは彼らである。最終的な決定権は彼らにあった。内装工事を終えた店が開店したのは、二〇一九年の五月だった。その月から、日本の年号が平成から令和に変わった。店の名前は『寿司令和』になった。彼ららしい名前のつけ方だと思った。

いま考えてみれば、気を揉んでいたのは僕だけだったのかもしれない。しかし、なんとか寿司令和には成功してほしかった。


あれは何軒目の物件の書類を出すときだっただろうか。トエエモンがひとつのリストを送ってきた。それにはラ・シュイやニイニイサンだけでなく、寿司店で働くかもしれないラカイン人の簡単な履歴と顔写真が載っていた。その数は男女合わせて百人を超えていた。これだけのラカイン人が寿司令和を支援していた。彼らの心の裡には、うまくいけば日本人の下ではなく、同じ民族同士で一緒に働くことができるという打算もあっただろうが、少なくともこれだけの援軍がいた。

コロナ禍ではこのネットワークがいかんなく発揮された。開店してしばらくたった頃に店は忙しくなり、ラ・シュイとニイニイサン以外にも、二、三人のラカイン人がつけ場に入った。ところが新型コロナウイルスの感染者は増え、客足が遠のく。すると、新しく働きはじめたラカイン人がいなくなった。

「仲間がいるマクドナルドで働いている」

とトエエモンが教えてくれた。日本人が経営する飲食店では、アルバイト店員に、暇な時期だけほかの店で働いてくれないか……とはなかなかいえることではない。しかし寿司令和では、客が減っていることがわかったとき、バイト自ら、別の働き口に移っていく。ラ・シュイやニイニイサンはひとこともそんな話をしなかったという。

トエエモンからリストを見せられたとき、彼らの目が伝える妙な自信の意味が少しわかった気がした。

「でも、大家はこのリストを見ても、なんのことだかわからないんじゃないかな」

トエエモンは、「そうかも」といって笑った。彼がこのリストを大家に渡したかどうかは知らない。一週間後には、ほかの借り主に決まったという連絡を不動産会社か

ら受けた。

しかしこのリストを見たとき、僕は寿司令和は必ず軌道に乗せないといけないと思った。店は単にアジア人の店ということ以上に、ラカイン族という民族を背負っていた。

そんなことをラ・シュイもニイニイサンも顔には出さなかった。意外と平然としている。

僕はここまで店の開店にかかわった経験がなかった。どんなふうに客がやってくるようになるのかという肌感覚もなかった。店の看板を見て、テーブルが客が埋まるものでもあるまい。だからよけいに心配になっていた。

「周辺の家やマンションのポストにチラシを入れるってのはどう？」

「地下鉄の浅草駅のコンコースに広告を出すっていう方法もある」

三人は聞いてはくれるもののノリは悪い。「やりましょう」と腰を浮かせる様子もない。焦るのは僕だけだった。

できるだけ知人を連れていくようにした。海外から日本に一時帰国した人と会うのも浅草が多くなった。テレビや新聞にネットの記事を手がける人にも声をかけていった。
何回か寿司令和に通っていると、ラ・シュイとニイニイサンの腕のたしかさがわかってくる。僕は信州に生まれ育ったから、海辺で育った人たちのような舌はもっていないと思うが、寿司はかなりのレベルだと思う。赤イカ、マグロ、甘エビ、穴子……どれもしっくりとくる。それに安い。百円台が圧倒的に多い。回転寿司並みである。ランチの海鮮丼は六百五十円である。開店からしばらくはこの値段でやっていくようだった。サワー類も百九十円という安さだ。彼らなりに考えてはいるようだった。はじめは安い設定でスタートする作戦がみてとれた。

メニューには、カリフォルニア巻きや浅草巻きといった外国人を意識した寿司もあった。

居酒屋風の料理も工夫されていた。ゴボウをスティック状にして揚げたものはピリ辛でビールに合う。白魚の唐揚げはさくさくしている。ホワイトボードには、今日の刺身が書かれている。岩手の生ガキ、宮崎のカツオ……産地を書くあたりも、日本人のことがわかっていた。

これだけのレベルなら——。そうは思ったが、なにしろ知名度はゼロである。仕事帰りのサラリーマンがやってくるような立地ではない。広告や宣伝と思っても、皆がもち寄った資金は、店を借りる資金や内装費でほとんどなくなってしまっていた。

　ネットの世界に頼るしかなかった。その担当はトエモンだった。グルメサイトやグーグルへの登録を進める。一緒に店に行った知人には、それぞれのツイッターやブログなどで紹介してもらうよう頭をさげた。台湾人やタイ人にも頼んだ。メニューも翻訳してもらった。

　しかしそんなＰＲに奔走しても、翌日には客が押しよせるという話ではない。たしかにテレビのバラエティー番組で紹介されると、数日は客が増えるのだが、そのなかのどのくらいの人が、二度、三度と足を運んでくれるのかもわからない。浅草という土地は、仕事や買い物のついでにランチを……という土地柄でもない。寿司令和に行こう……と決めてくれないと席が埋まらないエリアだった。

　それでも欧米人やアジア人の客はしばしば姿をみせるようになった。英文のグルメサイトの効果なのかもしれない。急いでベジタリアン寿司というメニューを紙に書いて掲げたこともあった。浅草寺を訪ねた台湾人が家族でやってくることもあった。台湾人はアジアのなかでは、いちばん生の魚を食べることができると思うが、それでも家族となると、ひとりやふたり、苦手という人もいた。

「でも、この店なら大丈夫。サラダとか鶏の唐揚げ、天ぷらっていう料理がいっぱいありますから」

流暢な日本語で、こういわれたこともあった。

しかし二〇一九年の暑い季節になっても、寿司令和は鳴かず飛ばずだった。収益はトエエモンの試算の半分にも達していなかった。僕もことあるごとに知人に紹介したりはしていたが、それを耳にして浅草までやってきてくれる人はたかがしれている。トエエモンは地元の信用金庫から融資を受けた。そういう事情を、ラ・シュイやニイニイサンは十分すぎるほどわかっていたが、目の色ひとつ変えなかった。肝が据わっているのか、のんびり構えているのか……僕は悩んでいた。

飲食店には潮目というものがあるのだろうか。秋も深まった頃、寿司令和に出向くとトエエモンがこんなことをいった。

「最近、地元の浅草の人が増えてきたんです。ランチが安いから近くの店で働いている人が昼にはきてくれていたんですけど、そういう人じゃない浅草の人。昼も夜も……。浅草の人向けのサイトでも紹介されたみたい」

「浅草の人？」

寿司令和が開店した後、知りあいを通して、浅草で外国人向けゲストハウスを経営している人をふたり、招待したことがあった。ふたりとも、浅草生まれの浅草育ちだった。ゲストハウスに泊まる欧米人やアジア人に、寿司令和を紹介してもらおうと思ったのだ。

「浅草ってね、東京のたとえば、新宿とか渋谷って考えないほうがいい。村です。私たちだって、ふたりとも浅草寺幼稚園の出身。横でしっかりつながっているんです」

ビールを飲みながらの話は、やがて中国人客のトラブルを巡る話に発展してしまい、中途半端に終わってしまったが、このエリアに出店することの難しさのようなものはひしひしと伝わってきた。

その浅草の人が？

ある晩、そんなひとりと話をした。昼どきだった。ひとりでやってきて、日本酒を飲みながら寿司を食べていた老人だった。

「知りあいと一緒に来たのが先月だったかな。夜だった。レモンサワーを飲んでいて、俺がお代わりを頼んだんだ。すると、いま、あそこにいる彼が俺のところにきて、レモンを切らしちゃったっていう。俺は酒にそんなにこだわりがないから、じゃあウーロンハイでいいっていうと、彼がね、すぐ買ってくるっていうんだよ。つけ場には若い者もいるっていうのに、上からジャンパーを羽織って出ていっちまいやがった。後で訊いたら、店長だっていう。この店でいったら板長だろ？　そういう男がレモン一個、買いに行くかね、とそんとき思ったよ。家に帰って、ふっと思いだすと、なんか笑っちゃうんだよね。面白い店だと思ったよ」

それ以来、ときどきやってくるという。

いまになって思うと、あの頃が境だった。どことなく前にも顔を見たことがあるような人がいる、確信はないのだが、そんな気がするのだ。飲食店用語でいう客がつくということはこういうことかもしれない、と店内を眺めたものだった。

二〇一九年の十二月には、忘年会シーズンとも重なり混み合うことが多くなった。

年末に訪れた知人からはこんなメールも届いた。

「席が空くのを待つ人が五人もいましたよ。もう大丈夫ですよ」

トエモンも十二月はこれまででいちばん売りあげが多くなりそうと伝えてきた。

寿司令和は軌道に乗った？

新型コロナウイルスの感染はそのタイミングで広がりはじめてしまった。やがて日本は緊急事態宣言が出、飲食店は営業時間の短縮の世界に入っていく。

トエエモンと僕は、持続化給付金、家賃支援、テレワーク支援……など、条件にあてはまりそうなものを探し続けた。集める書類の表現など、日本人の僕でも難しく、トエエモンと一緒にパソコン画面の前で腕を組むことも多かった。午後の休憩時間に寿司令和を訪ねることが多かったが、四時をすぎると、

「ちょっと早いけどいい？」

と客が現れる。閉店が八時だから、早めにきてしまうのだ。ラ・シュイやニイニイサンは、椅子をつなげてその上で寝ていることもよくあったが、客の声にぴくりと反応し、身を起こすと、

「いらっしゃい」

と声を発した。それを見ていたとき、タイやミャンマーの午後の雑貨屋を思いだした。店の主人は椅子に座って舟を漕いでいるのだが、僕の気配を察知して笑顔を送ってくるのだった。日本人なら昼寝を起こされ、不機嫌そうな顔をつくる人もいるのかもしれないが、彼らはとりあえず笑顔をつくる。あれは天性だといつも思っていた。

寿司令和の客のなかには、

「いや、彼らたいしたもんだよ。日本人以上に魚のことを知ってる。日本人より日本人っぽいんじゃない」

などという人もいたが、休憩時間に現れる客への対応を見ていると、やはりアジア人だった。寿司に関することは知識だった。心はアジア人だった。だから、開店時間前だというのに店を開けてしまうのだ。

トエモンはこんなことをいう。

「向かいの焼き肉店や近くのお好み焼店の人が、昼、よく食べにきてくれるんです。彼らとよく話します。客はコロナの前の一割ぐらいだって。うちも減ってるけど、それほどじゃない。週末の昼間なんか、昼飲みっていうか、お客さんで席が埋まっちゃうこともある。持続化給付金と家賃補助が入れば、なんとか乗り切れるかもしれない」

僕もそれを感じていた。夕方の六時頃に行くと、そこそこ席が埋まっている日もある。開店からすぐに常連客になってくれたおじさんから、こんな話も聞いた。

「なんていうかな、この店、楽なんだよ。たしかに寿司はうまい。つまみも満足してる。ただ、ものすごくうまいからきているかっていうと、そうでもない。この値段で、これだけの味ってことはあるけどね。それよりも、なんというか寿司屋の堅苦しさがない。だいたい、ラ・シュイもニイニイサンも、寿司やつまみができると、自分でつけ場を出て運んじゃうでしょ、テーブルに。そのとき、俺はこういったんだ。寿司屋の主人は、つけ場から出ないもんだよって。彼ら笑ってたよ。あれ、自然とつけ場から出て、運んじゃうんだろうね。そういう気楽さがすごくいい。だからゆっくりできるんだ。だから、ついつい、足が向いちゃう」

別の客はこんなこともいっていた。

「これだけの寿司を握るっていうのに、彼らには威厳みたいなものがなにもない。寿司屋って、ちょっと怖いようなところがあるでしょ。真剣勝負っていうか。この店にはそれがないんだよ。すッと肩の力が抜けるっていうか」

少しわかるような気がした。

僕自身、個人的によく行くのは、アジア人が経営する店か沖縄の人の店が多い。どことなく、こちらの無理を聞いてくれそうな気がするからだ。しかしそれは僕の甘えで、実際は応じてくれることなどあまりない。しかし閉店時間ひとつとっても、アジア人は、「そろそろ閉店なので」ということはあまりない。こちらにひとことも声をかけずに片づけをはじめたりする。客はそれを見て、「そうだ、そろそろ帰らなくちゃ」と思うのだが、日本人の店は、「閉店なので」とはっきりといわれる。それぐらいの違いなのだが、どこか穏やかな精神状態で酒を飲めるのも事実だった。会計のときは、「やっとこれで店を閉められる」と内心は思っているのかもしれないが、アジアマジックのような笑顔を僕に送ってくれるのだ。

　寿司令和にくる客……。彼らは、その味を求めてきているのだろうが、それ以上に、店で働く彼らの体から出るエーテルのようなものに安らぎを感じとっているのかもしれなかった。それは浅草という街に生まれ育った人も同様だった気がする。

　コロナ禍は続いていた。トエエモンと相談し、キッチハイクという会社がはじめたプロジェクトに乗ってみることにした。手数料が安いことも魅力だった。このプロジェクトは、事前に食事代を払い、新型コロナウイルスの感染が落ち着いた後で利用するというものだった。ある種の支援策だった。どこかクラウドファンディングに似た要素もあった。利用できるのは二〇二〇年の八月以降という設定だった。いま思えば、

二〇二〇年の四月に緊急事態宣言が出たときは、夏にはすっかり落ち着いていると皆、思っていた。

応募がはじまると、次々に賛同してくれる人が集まった。最終的には二百人に近い人たちから、事前に八十万円ほどを受けとることになる。その数字を見ながら、トエエモンと顔を見合わせていた。

「この人たちって、寿司令和のファンってことだよな」

それはある意味、僕がアジアにはまっていった感覚と似ている気がした。フリーランスのライターとして雑多な仕事をこなしていた頃、僕は仕事を調整し、年に二、三回、アジアに向かった。日本での仕事は気遣いが多かった。フリーランスといっても、編集部の人間関係に振りまわされ、そのなかを泳いでいかなくてはならなかった。体はいつも重く、どこか地面の下から得体の知れないものに引っぱられているような気がした。そんな日々のなかで、アジアへ向かう安い航空券を買った。現地空港のターミナルを出ると、ねっとりとしたアジアの空気に包まれ、体が一気に軽くなっていくのがわかった。アジアの人々の笑みはとろけるほどで、意識のなかに生えた棘《とげ》が溶けるように消えていく感覚に満たされていった。僕の二十代半ばからの十年は、アジアの土を踏むことで均衡が保たれていたような気もする。

寿司令和が気に入った人たちは、日本のなかにいながら、アジアにワープしたような感覚を味わっていたのかもしれない。ラ・シュイとニイニイサンは、できあがった寿司を、アジア人の笑顔と一緒にテーブルまで運んできてしまうのだ。

しかし寿司令和の経営は苦しかった。常連客が支えてくれているという面では、多少の救いはあったが、コロナ禍の長い暗いトンネルは、その出口がなかなか見えなかった。

時間ができれば、できるだけ寿司令和で昼食をとるようにしていた。少しでも売りあげの足しになればと思っていた。

雷門から寿司令和への道を歩きながら、ふと思った。

「彼らはわかっているのかもしれない」

ラ・シュイとニイニイサンは二十年以上、日本で働いてきた。つけ場に立ち、客との対応を続けてきた。寿司令和がオープンして半年ほどがたったとき、ニイニイサンは寿司屋のようなカウンターをつくりたいといった。喫茶店をそのまま使った寿司屋だった。落語家が座ったステージはとり除いたが、あとはほぼそのままだ。本格的に内装をいじる資金がなかった。

皆で話しあったのかどうかはわからないが、すぐにカウンターをつくることになった。できあがったそれは四つしか椅子を置けなかったが。

しかしニイニイサンは自信があったのだ。カウンターに座り、話をしながら寿司を食べてくれれば、きっと常連になってくれる……。彼らははっきりとした言葉で、それをいうことはできないだろう。しかし薄々気づいている。自分たちを気に入って店にきてくれる客がいる。そんな客は、寿司の味がめあてというだけではない……。

彼らのなかに流れるアジアの血のようなもの。それは彼らが意図して前面に出しているわけではない。気がつくと、できあがった寿司をテーブルに運んでいるのだ。アジア人寿司……。そんな言葉は聞いたことはない。しかし味はいいが、職人に威厳がないという空間は、日本の寿司屋にはなかったものだ。彼らがのんびり構えていたのは、そこに気づいているからではないか。

うまくいくのかもしれない。

コロナ禍はいっこうに収束の気配をみせないが。

典型的なラカイン料理。魚介類はよくテーブルに載る。生ではないが（バングラデシュ・コックスバザール）

寿司令和。休日にはラカイン人の結婚パーティーも。彼らの拠点がようやくできた

こういう写真を見ると寿司令和は日本の寿司屋。でも流れる空気が違う。店に行かないとわかりませんが

これがラカイン人考案のスパイシー巻き。彼らのセンスはたしかだと思う

column

スパイシーお茶サラダ

寿司令和が開店してから、ふたつのメニューが加わった。ひとつはスパイシー巻き、もうひとつはお茶サラダだった。

寿司令和で寿司を握り、料理をつくっているのは、ミャンマー人ということはすぐに広まっていった。ミャンマー人のなかでの少数民族であるラカイン人であることまで知っているのかはわからなかったが。

常連の客たちはこういうようになっていった。

「寿司はうまいけど、ミャンマー人なんだから、ミャンマー料理もメニューに加えたらどうだろう」

ミャンマー料理？　多くの人が知っているのは、そのなかのビルマ料理だろう。ヤンゴンやマンダレーなどはビルマ人の都市だ。

日本人的に分類すると、その多くがカレーになる。それも大量の油が入った。

「ミャンマー料理はおいしいですよ。でも三日目ぐらいから、少しきつくなる。たぶん、油が多いからだと思うんです」

ミャンマーを訪ねた日本人、とくにシニア

と呼ばれる年齢の人からよく聞く話だった。僕もそう思う。歳をとるごとに、ビルマ料理の油が堪えるようになる。

それほどまでに油の多いカレー。それは寿司にはどうみても合わなかった。

そこで彼らが考えたのが、スパイシー巻きという巻きずしだった。

バングラデシュ南部のラカイン人エリアやミャンマーに出かけたとき、いつも……といっていいほど買ってくる食材がある。小エビをベースにした辛いふりかけである。これをご飯にふりかける。すると一気にミャンマー風ご飯になるというふりかけだった。

寿司令和のラ・シュイやニイニイサンはこれに目をつけた。エビ、キュウリにこのふりかけを加えて、巻きずしをつくったのだ。ピリ辛だが、寿司の王道をはずしていない。それでいてミャンマーの風味が伝わる。それを口にしたとき、さすがだと思った。

彼らは長く日本の寿司屋で働いてきた。自分たちが開いた店も、日本の寿司の世界で生きていこうとした。しかしミャンマー人であることは、どうしても話題になってしまう。常連客からの希望に戸惑ったのは彼らだったのかもしれない。しかしそのなかで、スパイシー巻きという新メニューが生まれた。

もうひとつはお茶サラダだった。ラペットゥとミャンマー語でいう。これも客からの要望だった。

ミャンマー料理店には必ずある定番料理だった。単純な発想で、「お茶サラダも……」と口にしたのだろうか。

発酵させたお茶の葉。かなり辛い。油がまぶされている。これとピーナッツ、干しエビ、野菜を和えていく。ミャンマーではお茶受けのように食べることもあるが、僕にとってはビールのつまみだった。

　これはスパイシー巻きのように応用は難しかった。それでも彼らはメニューに入れた。僕も食べてみた。ミャンマーで食べたお茶サラダとはだいぶ違う。トマトが多く、日本のサラダに近い。味はまろやかだ。

※　　※

　僕も寿司令和の味を真似てつくってみた。お茶サラダがミャンマー食材店でセットが売られている。加えるお茶の量を減らし、トマトを多めに……。

　食べてみた。寿司令和のお茶サラダに比べると、味が先鋭的で、しっくりこない。次に行ったとき、寿司令和風お茶サラダの秘策を教えてもらおうと思う。彼らはすぐに教えてくれるはずだ。

1

2

3

4

リトルミャンマーが受け入れてきたもの

東京の高田馬場。そこにあるミャンマー料理店に座り、ラッペトゥというお茶サラダなどをつまみにビールを飲んでいると、いつも思いだす光景がある。

三十年ほど前のヤンゴン。いや、当時はラングーンといった。その空港で、僕はミャンマー人の知人と一緒に、ひとりの青年を待っていた。

あと二時間で僕が乗るバンコク行きの飛行機が出発する。僕が待っていたのは、一緒に日本に向かうはずのミャンマー人だった。民族でいうとビルマ族の青年だった。

「うまくいっている。軍事政権のなかに入り込んでいる仲間がいる。彼のところにパスポートが届いたっていう連絡は受けている」

そう知人は僕に説明した。

青年と一緒に成田空港まで向かう。空港では僕の家に泊まってもらうことを説明し、彼が日本に入国する。そんな段どりもできていた。

当時の空港は小さかった。木造二階建ての工場のような建物だった。館内には、木製の机や椅子が並ぶ食堂があったが、食べ物はほとんどなかった。ミルクティーもなかった。僕らは水だけを買い、ただ待ち続けた。知人は何回となく電話をかけていたが、なかなかつながらない。出発まであと一時間……。

軍事政権の時代だった。人々は軍人の奴隷のようになって生きなければいけなかった。希望は国を出ることだった。海外に出て働くことに、人生の夢を託そうとした。しかし一般のミャンマー人が外国に出ることは大変なことだった。まず、パスポートをつくることが難しかった。軍事政権内の役人とのつながりをつくり、賄賂を渡してようやく手に入った。取得するのに一年以上かかるといわれた。

その仲介役を担うのは、かつて民主化運動にかかわった人たちだった。民主化運動で軍事政権に名前を知られることがなかった人たちは、軍事政権内に入り込むことができた。彼らにも賄賂は必要だった。皆が裏金で生きなくてはならなかった。軍事政権時代とはそういう時代だった。パスポートをつくるときの裏金は、日本円で百万円を超えていたと思う。当時のミャンマーではとんでもない額の金だった。

ひとりの男性が現れた。口の周りが赤い。クーンと呼ばれる噛み煙草の一種を噛んでいた。檳榔《ビンロウ》の葉や石灰を混ぜてつくる。ミャンマーでは珍しくはなかったが、こういう場で目にすると、どこか興奮しているようにも映る。

僕と一緒に青年を待つ知人とは親しいようだった。彼が仲介役だった。

「いま青年はパスポートを交付する役所にいる。あとはサインをして受けとるだけなんだが、今日、パスポートを受けとる人、全員が待たされている。なにかがあったのかもしれない」

それから三十分待った。もう時間切れだった。まだ見ぬその青年は姿を見せなかった。

「次のチャンスを狙うよ。うまくいって青年が日本に入国できたら連絡させるから。いろいろ相談にのってくれ」

知人はそういって僕に向かって手を振った。その横に立つ仲介役の男性も手を振り、ミャンマー人らしい笑みをつくった。

結局、その青年は日本にやってこなかった。

多くのミャンマー人が、さまざまな手段をつかって国を離れようとしていた。めざす国はアメリカ、西欧の国々、日本が多かった。うまく日本に入国できたミャンマー人とは、高田馬場の食堂で何人も会った。

あるとき、食事をしていると、大きなスーツケースを手に青年が現れたこともあった。成田空港から直接、僕らがいる店にきたようだった。緊張した面もちが、店の主人と会うと一気にゆるむ。

「私の親戚の青年です。やっと日本にこれた」

店の主人はその青年を紹介してくれた。おそらく、しばらくはこの店で皿洗いでもするのだろう。

さまざまな手段で彼らは日本に入国した。しかし許された滞在期間は長くない。その間に彼らは日本人の弁護士と一緒に出入国管理局に向かう。そこで難民申請をするためだった。

「軍事政権から逃れてきた」

それが難民申請の理由だった。

日本という国は、難民をほとんど受け入れていなかった。その人が本当に帰ることができないのかどうかを調べるのは大変なことだった。政治難民の場合は、国家間のナーバスな問題もあった。日本政府はそこにグレーゾーンをつくった。

難民申請をすると、入国管理局に収監されることが多かった。そこでいろいろと調べられ、最終的には、特定活動や仮放免という形で収監が解かれる。仮放免は期間が決められ、その都度、出入国管理局に出向く。その間は厳密にいうと働くことができなかった。

高田馬場で店を開いたミャンマー人の何人かは、この特定活動や仮放免経験者だった。

彼らが店を出すビルの上階には、ミャンマーの食材などを置いた雑貨屋が何軒かある。そしてその隣には、日本人の弁護士や行政書士のオフィスがあった。つまり、ここまで辿り着けば、その先の手筈を整えていくことはそれほど難しくはなかった。滞在資格は難民でもなく、不法滞在でもないという中途半端な立場だったが、なんとか日本で暮らすことができた。

こうして高田馬場にはリトルミャンマーができあがっていく。リトルビルマといったらいいだろうか。しかしほかのアジアの国の人々に比べれば、ミャンマーからやってくる人は少なかった。それだけミャンマーから出国することが難しかったのだ。
新大久保や池袋の一角に誕生したエスニックタウンに比べれば、店の数も少ない。なにげなく街を歩いても、ここにミャンマー人の店が多いことに気づかない人もいるかもしれない。

しかし東京にやってきたミャンマー人のほとんどは、この高田馬場がスタート地点だった。

昔の話？　たしかにそうだった。日本に暮らすミャンマー人の知人は、全員が軍事政権を嫌って日本にやってきた。その後、ミャンマーは大きく変わる。五十年以上続いた軍事政権は終わりを告げ、民政化が実現するのだ。

ミャンマーに行くこともずいぶん楽になった。日本人はビザをとる必要もなくなった。かつて空港で、日本に行く青年を待ち続けた知人とも何回か会った。

「やっと普通の国になりましたよ。物価も急激にあがったけどね」

日本で暮らすミャンマー人の将来の青写真のなかにも、帰国という選択肢が入るようになってきた。

ところが二〇二一年、軍によるクーデターが起きてしまう。十年近く続いた民政化はこれからどうなっていくのだろうか。あの暗い時代にまた戻っていくのだろうか。長い軍事政権時代は、多くの利権と既得権を生んだ。それが路地裏まではびこる世界をつくりあげていた。民政化とは、新しい社会の枠組みをつくることでもあったが、軍事政権で力を得た軍人たちの弱体化も進めなくては実現しない。一歩間違うと、強い反発が生まれる。それが軍事クーデターだった。

若者や海外に出たミャンマー人は激しく反発する。先日も高田馬場にある一軒のミャンマー料理店で食事をしていると、ミャンマー大使館前での抗議活動に向かう若者が十人以上やってきた。店の主人は用意した弁当を渡していた。もちろん無料である。やはり高田馬場はミャンマー人の街だった。

クーデター後、さまざまな情報が入ってきた。二月十二日、軍は恩赦を発表し、約二万三千人の受刑者が釈放された。その夜、ヤンゴンではあちこちで不審火が起きた。住民は自警団をつくって警備にあたった。あるヤンゴン市民はこういった。

「軍は釈放された受刑者に不安を煽る行動をとるよう指示を出していた」

二月十二日はパンロン会議の記念日だった。

パンロン会議――。一九四七年、ミャンマー北部のシャン州のパンロンで、その後のミャンマーの体制を決める会議が開かれた。中心にいたのは、アウンサンスーチーの父、アウンサン。そして各民族の代表。そこで連邦制という枠組みが決まっていく。しかしその五カ月後、アウンサンは暗殺されてしまう。

そのパンロン近くから日本にやってきて、高田馬場に共同で料理店を開いたミャンマー人がいる。『ノング・インレイ』という店のサイミンゾウさんだ。彼はシャン族だから、この店はシャン料理の店だと僕は思っている。多くの人はミャンマー料理店という印象を受けるかもしれないが。

そこでメニューを開く。タイ料理がかなり多い。ここはタイ料理店？　そう考える人もいるかもしれない。

アウンサンの暗殺後、ミャンマーは迷走を続けることになるが、その要因のひとつが民族問題だった。ミャンマーにはビルマ族のほかに、主要の七民族がいる。シャン、ラカイン、カチン、カレン、カヤー、チン、モンである。実際はさらに細分化されていて、その数はミャンマー政府の発表では百三十五を数える。ミャンマー国軍、そしてアウンサンスーチーのNLD（国民民主連盟）は、ビルマ族が中心だ。今回のクーデターは、ビルマ族同士の政変と見る少数民族も少なくない。

それぞれの民族の話になると収拾がつかなくなるので、今回はノング・インレイ。つまりシャン族の話を進めてみる。

彼らが暮らすシャン州はタイの北側に広がっている。民族的にはタイ族に近い。タイはかつてシャムと呼ばれていたが、シャムの語源はシャンである。ノング・インレイのメニューにタイ料理が多いのは、そんな理由があるのだ。シャン料理とタイ料理はかなりだぶっている。

それは地政学的な重なりでもある。シャン族はミャンマーに属しているが、「ビルマ族とうまくいかなかったらタイとくっつくからね」と、常にミャンマー政府に圧力をかけてきた。そこに東西冷戦が忍び寄る。東南アジアの国々、そして中国が社会主義に走るなかで、アメリカを中心にした西側勢力は、タイを守ろうとする。そしてその前線は、中国と国境を接するシャン州にのびていく。シャン州は西側勢力の情報収集基地になっていくのだ。

そこに介在したのがヘロインだった。シャン州はゴールデントライアングルの中心地になっていく。麻薬王ともいわれたクンサーやローシンハンの拠点は、シャン州のラーショーだった。そのなかで、クンサーはシャン族の国をつくろうとする。シャン州の独立軍はいまだ健在だ。何回かラーショーを訪ねている。盆地に木造の三階建て、四階建ての家が並ぶ街並みは気に入っている。歴史が刻まれた街だが、きな臭さはどこからも漂ってこない。しかしその背後には、シャン族のアイデンティティーが流れている。

タイのチェンマイのナイトマーケット。ここで働いているのは、シャン州からやってきたシャン族が多い。数年前だろうか。シャン独立軍から軍事訓練の通知が届いた。働くシャン族のスタッフの多くが、シャン州の訓練のために戻ってしまい、ナイトマーケットの店のなかにはシャッターを降ろす店もあった。

訓練の様子は毎日、ＳＮＳで送られてきた。髪を茶色に染めた若い女性が銃を担いでいる。

「本当にやってるんだ」

チェンマイに住む知人と話した記憶がある。

しかしシャン族はもうひとつの顔をもっている。中国である。正確にいうと中国の雲南である。

シャン族の一部は、中国とミャンマーの国境を行ったり来たりしながら生きてきた。ラーショーから車で三、四時間、チャイントンからなら二時間で雲南省なのだ。

シャン料理は雲南料理の影響を強く受けている。ノング・インレイで僕が頼むことが多い料理は、雲南系シャン料理だ。豆腐そばはその代表にも映る。

食べてみればわかるが、その味は、雲南のなだらかな山並みのように穏やかだ。

このそばは台湾でも食べることができる。シャン州から雲南に移動したシャン族は、中国共産党に目をつけられ、スパイとして台湾に送り込まれた。そんな人たちがいま、台湾のなかにミャンマーエリアをつくっている。

純粋に料理を楽しみたい人には申し訳ないが、シャン料理の話は、すぐに政治的な話に結びついていってしまう。それがシャン族の宿命なのかもしれないが、その味は、ほっとするほど優しい。

シャン族の話だけでお腹がいっぱいになってしまうかもしれない。しかしミャンマーの民族には、それぞれに物語が秘められている。それをミャンマー料理とひとくくりにしてほしくない……それは彼らの思いでもある。

高田馬場には以前、カチン料理の店もあった。ラカイン料理の店もあったという。ミャンマーの民族の構図が高田馬場に再現される。だからリトルミャンマーなのだろう。

クーデターを起こしたミャンマー軍は、抗議する市民のデモに対して、容赦なく銃口を向ける。クーデターから三カ月で犠牲者は七百人を超えてしまった。民主派勢力は軍に対抗する組織をつくる。そして少数民族の軍隊を結集しようと動く。これまで軍やアウンサンスーチーのＮＬＤは、少数民族を虐げてきた。どちらもビルマ族が中心にいる。ミャンマーの民主派は少数民族に秋波を送るが、少数民族も簡単には手を握ることはできない。

少数民族のひとつ、ラカイン族の軍のリーダーはこう答えたという。

「民主派の行動に反対はしないが、私たちは私たちの道があります」

高田馬場には少数民族が歩む何本もの道が交錯しているということだろうか。

湖の周りに街が広がるチャイントン。シャン州には味わい深い街が多い

ミャンマーから脱出した人たちはこの街でひと息つく（東京・高田馬場）

食材店に並ぶ惣菜が、高田馬場はミャンマー人の街だと語っている

ノング・インレイのあるビルの上階。ミャンマーの食材はここで手に入る

column

シャン風揚げ豆腐・トーフジョー

シャン料理がメニューにあるノング・インレイの豆腐そばは、シャン語ではトーフカウスェという。トーフは日本語の豆腐と同じような発音になる。豆腐は中国語ではドウフー、タイ語ではタオフー。東アジアや東南アジアでは汎用性がある単語だ。カウスェは麺のことだ。

　しかし同じ豆腐でも原料が違う。中国やタイのそれは大豆からつくるが、ミャンマーというか、シャン地方では、ひよこ豆を使う。豆文化は多彩だ。ひよこ豆は日本には少ないが、インドから中東の世界に入り込むと、その存在感は増していく。

　豆といったらインドというイメージが僕にはある。国民食ともいえるダールには、ひよこ豆をよく使う。インドの南部に行くと、男たちはよく酒を飲むが、そのつまみは圧倒的に豆である。男たちは毎日、豆だけをつまみに酒を飲んでいるようにも映る。インド人は豆大好き民族だと思う。

中東に行ってもひよこ豆である。朝、ひよこ豆からつくった、中国圏でいったらお粥のようなものをよく食べる。

ミャンマーは東南アジア圏とインド文化圏の境界にある国だ。それは多民族国家という構造が教えてくれるが、同時に食べ物の多様さも備えている。インドから中東にかけて、人々がよく食べるひよこ豆がミャンマーにはある。僕はタイやラオス、カンボジアをまわることが多いが、ひよこ豆を目にしたことはない。

ミャンマーはイギリスの植民地になった。イギリスはグルカ兵をはじめとするインド人兵をミャンマーに駐屯させ、ミャンマー人を管理させていく。ひよこ豆は植民地時代の物流と無縁ではないかもしれない。

東京の高田馬場にあるノング・インレイでは、ビールのつまみに、まずトーフジョーを頼む。ひよこ豆からつくった豆腐を揚げたものだ。アツアツのトーフジョーを辛めのソースにつけて食べる。ビールに合う豆腐料理だと思う。

ミャンマーでは、タウンジー滞在中にトーフジョーをよく食べた。タウンジーはシャン族の街だ。バングラデシュでも食べている。南部に住むラカイン人の家でご馳走になることが多い。

バングラデシュはイスラム教を国教にしているから、アルコール類は基本的には禁止されている。しかしラカイン人はミャンマー系の仏教徒。家のなかではよく酒を飲む。そんなときにトーフジョー。さっと揚げてくれることが多い。

※　※

阿部稔哉カメラマンの協力で、トーフジョーをつくってみた。さきに彼がつくり、その様子を動画で送ってもらった。

ひよこ豆、百グラムに対して約五百ミリリットルの水を入れ、ダマにならないように液体化させていく。それを火にかけると、二分ほどで固まりはじめる。火が通ったところで容器に移して冷やすと、プリンのようになる。それを切り、揚げるとトーフジョーが完成する。

その動画を観ながら僕もつくってみた。ちょっと悩んだのは、火にかけて固まるところだった。どんどん硬くなるので少し焦ってしまったらしい。完全に火が通る前に容器に移してしまった。固まりぐあいがいまひとつ。

再度つくってみた。二回目はうまくいった。火を通すポイントをつかめば、比較的簡単にシャン風の揚げ豆腐をつくることができる。

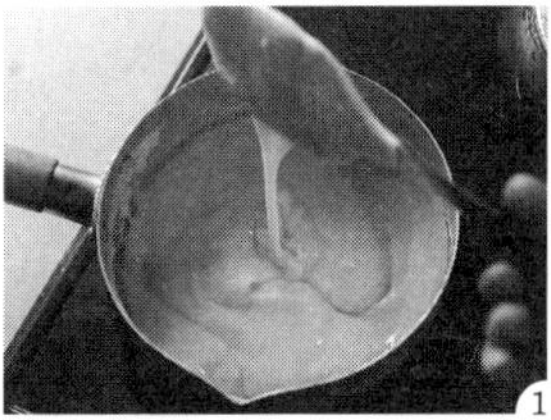
1

2

3

茶餐廳　自由を愛した街の記憶

日本のなかに星の数ほどあるエスニック料理店には申し訳ないが、現地のなにげない食堂に勝る店に出合ったことがない。日本にあるエスニック料理店というフィルターをかけ、日本化したエスニック料理という基準をつくればいいのだろうが、現地の味を刷り込まれた舌には、やはり物足りない。香辛料だと思う。香辛料の鮮度が違うのだと思う。

なにか日本にいても完璧に再現できるものはないだろうか。アジアのテーブルをあれや、これやと思い描き、鴛鴦茶が浮かんできた。ユンヨンチャーという。鴛鴦はオシドリのことだ。紅茶コーヒーのことだ。香港の茶餐廳《チャーチャンテイー》という大衆食堂のメニューに載っている。茶餐廳については追って説明するが、そこにある紅茶コーヒー、つくり方はいたって簡単……なはずだ。紅茶とコーヒーを混ぜればいい。これなら、現地の香辛料がなくても、本物の味を再現できるはず……。

　コンビニで百円コーヒーを買ってきた。そこに紅茶のティーバッグを入れる。記憶を辿れば、紅茶はアールグレイとかダージリンといったブランド紅茶ではない気がする。よく見かける普通の紅茶……たとえば日東紅茶の赤と黄のパッケージのもの。混ぜてみる。

（違う……）

　紅茶が完全に勝ってしまう。紅茶コーヒーではなく、紅茶紅茶コーヒーといった味だ。紅茶はやや濃いめに淹れた。それがいけなかったか。そこで紅茶を薄めにしてみた。

（違う……）

　また紅茶が強い。なにがいけないのだろうか。少し考え、コーヒーを変えてみることにした。豆から淹れたコーヒーではなくインスタントコーヒー。まず紅茶をつくり、そこにインスタントコーヒーの顆粒を入れていく。それを飲んでみた。

（……！）

これだった。ティーバッグの紅茶にインスタントコーヒー。考えてみれば、茶餐廳は庶民の食堂である。コーヒーや紅茶が専門ではない。安さを求めれば、その組み合わせになるはずだ。それに茶餐廳の厨房はかなり忙しそうだ。そこで丁寧にコーヒーを淹れているわけがなかった。

僕はなにか大発見をしたような気分になった。茶餐廳で鴛鴦茶を飲んだことがない人からは、冷ややかな視線を向けられるだけかもしれないが。

鴛鴦茶は不思議な飲み物である。コーヒーと紅茶の味が混ざりあっているわけではない。脳内で、「これは紅茶」と思うと紅茶になり、コーヒーを意識するとコーヒーになる。同行したカメラマンが、

「これは疲れる」

と口にした。脳のなかにやじろべえがあって、右へ左へ傾くような感じなのだ。疲れる感覚が少しわかった。

なんとか鴛鴦茶を再現したのだが、この飲み物が香港という街の記憶のなかにしっかりと残っているのは、香港の自由がみごとなまでにカップのなかに入れられていたからだ。

紅茶は欧米の飲み物のように思っているかもしれないが、生まれたのは中国の福建省である。お茶の葉は、その製法などで白、黄、緑、青、紅、黒に分かれる。それに花茶を加えることもある。そのなかで飲まれる機会がいちばん多いのが緑茶である。それは日本も同じだろう。中国から東インド会社がイギリスに運んだ茶も緑茶が多かった。しかしすでにココアやコーヒーを飲んでいたイギリス人にしたら、緑茶は薄く、物足りなさが募ったらしい。そこで探し求めた茶が量は少ないながら、中国から運ばれていた紅茶だった。やがてイギリスでは紅茶の存在感が高まっていく。植民地インドで栽培した茶の多くは、紅茶になっていった。そしてこの紅茶は欧米に広まっていくのだ。

紅茶とコーヒー。それはイギリス人にとって別の飲み物だった。中国ではコーヒーをほとんど飲まない文化圏がつくられていく。中国の茶、そしてイギリスに定着した紅茶、そしてコーヒー。その三種が存在したのが香港だった。

香港人の多くは、社会主義化した中国を嫌ってやってきた人々だ。しかし中国で生まれ育っているわけだから、食べ物の嗜好は中国である。飲み物は茶に傾いている。

僕の香港でのベースは尖沙咀《チムサーチョイ》にある重慶大厦である。そのなかのウェルカムゲストハウスが常宿だった。宿は華春發さんが経営していたが、泊まりはじめた頃、入口には彼の父親が座っていた。必ずお茶をご馳走してくれた。それは必ず黄茶で、「これは体にいい」といつもいっていた。

　国家というものと飲み物がアイデンティティーでつながっているとは思えないが、なぜか中国人は緑茶や黄茶など紅茶以外の茶ばかり飲んでいるし、イギリス人は紅茶のイメージが重なる。アメリカへ行くとコーヒーの色あいが強くなる。しかし香港の人は、そういうものから完全に解き放たれている気がする。でなければ、紅茶とコーヒーを混ぜてしまうという発想が生まれてこない。しかし本来、対極にあるものを合体させてしまう食のアドベンチャーはどこにもいるが、それが庶民の飲み物に定着することはまずない。ところが、香港では定着してしまうのである。それに気をよくしたのか、鴛鴦茶という名前までつけてしまった。鴛鴦はオシドリ。相性がいいことにオシドリを使うのは中国由来の表現だ。紅茶とコーヒーが本当にフィットする飲み物か？　と疑問符はついてしまうが、香港人は、それを承知で命名してしまうのである。それは香港というエリアの真骨頂のようにも映る。

話を香港からさらに南のマレー半島まで飛ばさせてもらう。かつてここに海峡植民地があった。いまのペナン島、マラッカ、シンガポールで構成されていた。

当初、イギリスはこの植民地を自由貿易エリアにしていた。現地に介入せず、貿易による利益を狙ったわけだ。関税をかけないこのエリアには商売の拠点として多くの人が集まってくる。やがてその繁栄が本国であるイギリスに莫大な利益をもたらすという発想だった。それは香港を植民地としたイギリスの政策に共通していた。

海峡植民地にはさまざまな肌の色をした人々が移り住むようになっていく。最も多かったのは華人、中国人だった。当時の中国は政情が不安定だった。安住を求めての移住だった。いまのマレーシアの人口の約四分の一は中国系の人々だが、その第一世代が海峡植民地時代の移住組である。当然、それ以外のエリアからの移住も多く、インド系、アラブ系の人々もいた。宗教もさまざまだった。

海峡植民地は海峡ドルという独自の通貨を使っていた。スマトラ島のコショウ貿易を巡って、ペナンの華人商業会議所が会議を開いた記録が残っている。そこには十数人のイスラム系商人が加わっていた。華人とイスラム系の人々が共に暮らしていたわけだ。

　そのなかから生まれたのがニョニャ料理だった。中国の料理とイスラムの料理が溶けあっていた。

　たとえばアヤム・ブアクルアというニョニャ料理がある。鶏肉とそら豆の倍ほどもある豆を煮込んだものだ。イスラム教徒を考えて鶏肉なのだろうが、八角の風味がする。ココナツミルクがベースになっているから仄《ほの》かに甘い。たしかに中華とイスラムが混ざっている。これなら、華人とイスラム教徒が同じテーブルにつき、それぞれが満足できる食事がとれる。

　いまの世界を包む空気のなかでは、少し考えにくい雰囲気かもしれない。イスラム教徒をとり巻く環境は硬直化してきてしまった。もちろん、常にイスラム教徒が異教徒と対立しているわけではない。一緒にテーブルを囲むこともある。しかしそこには互いの気遣いが必要になることが多い。異教徒はイスラム教徒向きのメニューがあるのか配慮し、ハラールに則る店となると、同席する非イスラム教徒の顔が浮かんできてしまう。豚肉をよく使う中国料理店などとても行けない……。逆にイスラム教徒も、自分のためにという遠慮も生まれている。そんななかから、中華とイスラム料理を合わせてしまおうといった発想はなかなか生まれてこない。

自由とはそういうことではないかと思う。

異教徒を気にせず、自由な発想で料理をつくりだしていくことを人々も受け入れていく世界である。

しかし海峡植民地は香港に似た運命を辿った。自由貿易型の植民地が利益を生むには時間がかかる。貿易というビジネスが根を張るのを待たなくてはならない。物と人の往来が定着する必要がある。それを誘導させるのが関税をかけないことだから、その間の収益は多くない。本国のイギリスはそれを待ちきれなかった。

海峡植民地は大きな転換に巻き込まれていく。イギリスは武力を後ろ盾に、マレー半島への直接介入をはじめるのだ。そしてマレー半島でスズや鉄鉱石を採掘し、ゴム園のプランテーションといった経営をはじめる。それらの事業は直接、イギリスの利益につながっていった。それは自由港としての海峡植民地から、植民地国家としてのマレーシアへ移っていくことを意味していた。

国家——。海峡植民地という自由に包まれた世界からすると、それは面妖な存在だった。人々は国家という枠組のなかで生きているが、その存在は自由というものを犠牲にしなくては存在しなかった。イギリスはマレー半島に国家というものをもち込み、収益が増えることを目論んだわけだ。植民地経営というものは、こんな流れに沿うものが少なくない。日本の台湾統治にしても、はじめこそインフラを整え、農業の技術者を派遣し……といった長い目でみた統治を進める。しかし気長には待てなかった。背後には軍事力をもっているわけだから、手っとり早い台湾利用に走る。それが植民地政策の本質なのだから、すぐにその安易な手法に傾いていってしまうのだ。

海峡植民地はその後、国家を前面に出した植民地政策にとり込まれていく。ニョニャ料理を生んだ自由な発想は、しだいにそのポリシーを失っていくのだ。

僕がはじめて香港を訪れたとき、その狭いエリアには自由が溢れていた。僕より十歳以上年上の日本人が香港から感じとっていたものも自由だった気がする。

僕は信州で育った。地元の商店街が年末などに行う福引きの目玉はハワイか香港への海外旅行だった気がする。父親は酒に酔うと知りあいを家に連れてきて飲み直すことがよくあった。そのなかに地元の商店主もいた。家電を扱う店の主人は、販売成績がよかったインセンティブ旅行で行った香港の話をよくした。小学生だった僕はふと

老地坊
夜總會
卡拉OK
麻辣王
四川風味小吃
金沙
嘉文藥房
KA MAN DISPENSARY
榮華茶餐廳
WING WAH RESTAURANT
玉清池水療
足球直播
WESTERN UNION
佳元堂

んにくるまっていたが、襖《ふすま》一枚隔てた隣の部屋から、「香港で上映される映画はね、ヌードがオーケーなんだよ。おっぱいもヘアも丸見え」などといった会話が耳に届く。いったいそれがどういうことなのかもわからなかったが、なにか別の世界の話に大人の男は色めきたっていた。ハワイはもう一格上の世界だったように思う。

あれは小学校二年生の頃だったろうか。同級生のシゲちゃんは、父親がハワイに行ってきた話をした。彼は虚言癖があったのか、それはつくり話だったことが後でわかるが、まだ東京という街すら行ったことがなかった僕は、学校の近くの城跡の片隅でシゲちゃんの話に聞き入っていた。なんでもハワイは東京のなかにあるという話だった。

日本は高度経済成長のなかにいた。当時、僕は諏訪湖畔の街に暮らしていた。この一帯は新産業都市に指定されていた。母親はオルゴールのシリンダーに針を打ち込む内職に忙しかった。そんな信州の街にも、香港という街の名は行き渡っていたのだ。

当時の日本人たちが、国家というものをどうとらえていたのか。その空気感はわからない。僕の父親は商船学校に入り、その訓練中に終戦を迎えている。その上の世代のなかには戦場を体験した人も多い。戦前の国家主義が思考や行動の中枢に置かれた時代を知っている。戦後、日本は欧米型の民主主義に一気に染まっていくが、それも国家という枠組みのなかでのことだった。ナショナリズムを口にすることは、戦前の国家主義に通じることで、人々は国家という言葉を封印したのだろうが、そこから離れたわけではなかった。日本人は日本という国が好きだった。東京オリンピックに熱狂した日本人は、高度経済成長のなかで、再び日本愛を育んでいった。

　福引きの景品や売りあげに貢献したインセンティブである香港やハワイは、海外に行くという贅沢《ぜいたく》を手に入れるという意識を刺激した。そこには海外と日本という国家の違いを俯瞰《ふかん》する余裕はなく、当時の日本人は海外旅行そのものに舞いあがっていたようにも映る。しかしパッケージツアーであっても、現地の食事を口にし、ホテルに泊まり、トイレに入り……といった旅の日々のなかで海外というものが入り込んでくる。戦前、香港は日本軍の占領地だった。日本が降伏し、再びイギリスの植民地になる。それから二十年近くがたち、日本人は観光客として香港を訪ねるわけだが、そこで目にしたものは、紛れもなく海外だった。そういうエリアになっていた。

　僕が香港をはじめて訪ねたのは二十一歳のときだった。一週間近く滞在したように思うが、ある日、一軒の映画館に入った。それはいまのアダルトビデオのようなセックスシーンがある映画ではなかったが、欧米人の女性が全裸で海岸線を走るシーンがあった。そこにはモザイクなどかからない普通の画面があり、その女性のヘアもしっかりと見えた。

（香港の人たちは、こういうものを観ていたんだ）

道を歩く中国系の人たちは、僕らとは別格にも映った。あたり前に話しかけられる英語も一緒に、僕のなかの香港が形づくられていく。

夜、宿で、財布のなかに入っている香港ドル紙幣をとりだす。ガイドブックに、香港には日本銀行のように紙幣発行銀行が存在せず、民間の銀行の紙幣が流通している……と書かれていたからだ。たしかに同じ金額でも紙幣のデザインは違っていた。紙幣には香港上海銀行にスタンダード・チャータード銀行といった銀行名が印刷されていた。

（日銀がない……）

モザイクのかからないヘア、紙幣を発行する民間の銀行……。僕はこうして国家ではないエリアの自由に接しはじめていた。もっとも当時の僕にとって、国家や自由といったものはまだ茫漠としていて、実感としてつかむこともできず、ただ街を歩いていただけなのだが。

　そこで僕は茶餐廳に出合うことになる。もっともそこに、国家を超越したものがあるとわかって店内に入ったわけではない。

　香港という街は、日本人にとっては観光地だった。それもパッケージツアーが圧倒的に多かった。そんな環境のなかで発行されるガイドブックで紹介される店は、有名店が多かった。はじめて香港を訪ねたとき、僕もその種のガイドブックを手にしていた。そのうちの一軒に怖々と入ってみた。二十歳そこそこの日本人がひとりで入るような店ではない構えだったが、当時の僕は香港だけでなく、アジアの街もほとんど知らなかった。

　丸いテーブルにぽつんと座り、出されたぶ厚いメニューを指さすのだが、「それはひとりで食べる量ではない」と端から断られ、結局、ビールを一本飲んで店を出たことがあった。それが僕のなかではトラウマにもなっていた。金もない僕は、ひとりで食べることができる店探しに苦労した。当時はコンビニもなかった。

　そんななかで、快餐という文字をみつけた。ファストフード系かとイメージを働か

源記
燒味
粉麵
茶餐廳
燒味至尊
牛什專家

せて店に入るようになった。その種の店が、茶餐廳と呼ばれていた。あったじゃないか……。そんな感覚だった。当時、香港の人口は六百万人を超えていた。アジアのなかでは、都市のにおいがする街だった。仕事も忙しい。皆が夕食どきに集まることも難しい。ひとりで食事をする文化はしっかりできあがっていた。

しかし茶餐廳で口にした料理は不思議な味がした。アジアの国々の料理はそれぞれ違う。特徴がある。事前にある程度の知識を得て箸やスプーンを動かすと、想定内といった味が迫ってくる。「やはりタイ料理は辛いね」「ベトナムは葉物をよく使うっていうけど本当だね」といった具合だった。ところが香港の茶餐廳で口にする料理には意表を突かれた。中華だと思って口にすると、そこに欧米が入り込んでいることも珍しくなかった。

そのひとつが鴛鴦茶だったのだ。紅茶の渋みとコーヒーの苦みのコラボ……などという世界ではない。まったく混ざりあってはいない。それぞれが独立した不思議な飲み物だった。

通粉には悩んだ。茶餐廳は香港の大衆食堂で朝、昼、晩のすべてをフォローする。香港で泊まるのはいつも重慶大慶のゲストハウスだから、その近くの茶餐廳に足繁く通うことになる。一日三食がすべて茶餐廳ということも珍しくない。朝、目覚めると、サンダルをつっかけて近くの茶餐廳に入る。そこで多くの人が食べているのが通粉だった。通粉というのはマカロニのこと。出てくる料理を見ると、マカロニスープといった感じだ。

メニューに視線を落とす。朝食のセットメニューのトップはやはり通粉。香港人にとって通粉は定番朝食に映る。やはり食べてみるってものでしょ……と通粉メニューのなかから鮑片火腿通粉を頼んだ。鮑片はアワビのスライス、火腿はハムである。おそらくマカロニスープの上に、アワビのスライスとハムが載っているのだろう。アワビ？　ここは茶餐廳である。そんな高級食材を使うはずがない。アワビの偽物？　アワビのカニカマバージョン？　などと考えていると、どんとテーブルに通粉が置かれた。茶餐廳は早い、安いが売りでもある。それをスプーンですくって食べてみる。

「……ん？　まずい」

まずいというより味がしない。ものすごく物足りない薄味なのだ。加えてマカロニはふにゃふにゃ。茹ですぎである。

（いったいこれはなんだろうか……）

茶餐廳のテーブルに肘をつき、頭を抱えることになる。しかし頼んだ以上、残すのも悪い。頑張って食べた。かなりのボリュームがある。食べ終わったとき、まずいもので満腹になってしまったときのやり場のない思いがふつふつと湧きあがってくる。周りを見ると、このマカロニスープに目玉焼きを載せたり、トーストを頼んでいる人もいる。腹が膨れればそれでいいのかッと拳をあげたくもなる。僕は食通でもないので、香港の一流料理には詳しくはないが、中国料理やガイドブックには、さまざまな料理が紹介されている。それらをつくりだしたのは香港人なのだ。彼らの舌は洗練されているはずだ。おそらく僕よりも繊細な味覚をもっている気がする。それなのにこの通粉なのだ。

香港にはヨーロッパの文化がかなり入り込んでいる。香港島にはパブやワインバーなど欧米人向きの店が並ぶ一画も多い。僕もそこでスパゲティを食べたことがあるが、アジアのわけのわからないパスタよりも本格的だった。そこにはマカロニ料理もあるわけで、アルデンテをはるかに通りすぎたふにゃふにゃパスタが出されるわけではない。香港人は知っているはずだ。パスタというものの真髄を。日本人以上に親しんでいるかもしれない。しかしこの通粉は朝の人気メニューなのだ。

悩みが消えないまま、香港の日々がすぎていった。毎日、茶餐廳の朝食というのも……と、近くにあったマクドナルドに入ってみたことがあった。列につき、上部に掲げられた朝食セットを見あげる。バーガーやポテトのメニューの並びに目にしてしまった。マクドナルドの朝食にも通粉が入り込んでいた。茶餐廳だけではなかったのだ。おそらくあの、超薄味のふにゃふにゃマカロニスープが出てくるのだろう。

　通粉はマクドナルドの朝食セットに入り込むほどのものなのだろうか。どうしても理解できないのだ。

　香港に行くたびにその悩みにぶつかった。やはり朝は茶餐廳に入ることが多い。謎は究明したいが通粉はどうしても頼めなかった。トーストやパイナップルパンですませることが多かった。

　パイナップルパンは菠蘿包。ポーローパオという。いったいどこがパイナップルなのかと首を捻《ひね》るパンだった。しかし、日本のメロンパンにしても「どこがメロンパン？」といわれると言葉に詰まる。その線上にあるから、意外とすんなり受け入れることができた。なんでも茶餐廳の名物パンなのだという。

　しかしいつも気にはなっていた。

通粉とはいったいなんなのか。

周りでは、何人もの香港っ子が、このマカロニスープを食べている。

ある朝、意を決して頼んでみることにした。避けてばかりいては、香港での悩みはいつまでたっても消えない。いつも通りの通粉が出てきた。

（まずい……）

相変わらずの味だ。味がほとんどないから、食べられないわけではないが、あまりにも物足りないのだ。

ふと、隣のテーブルで通粉を食べている男性を見た。作業着姿だったから、どこかの工事現場で働いているのだろう。彼は通粉とトーストを頼んでいた。運ばれてきたトーストを手でちぎり、それを通粉のスープに浸して口に運んでいた。

「ん？」

ひとつの回路がつながった。中国では粥に油條という揚げパンを浸して食べる。粥が豆乳になることもあるが、中国圏ではかなりポピュラーな朝食だった。

マカロニスープを粥に置き換え、トーストを油條にしてみる。

そういうことかもしれなかった。

僕は意識を変えてみた。通粉は粥だと考えてみる。通粉は粥、通粉は粥……と自分に暗示をかけるようにして、通粉を口に運んでみた。

（……ん！）

いけるのである。中国でよく食べられている粥は、日本でいう白粥に近い。味は塩だけだ。味が薄いとか濃いといった概念ではない。薄味への不満が、すッと消えてしまった。

通粉は粥だったのか――。

おそらく昔の茶餐廳では粥を出していた気がする。いや、いまでもあるだろう。そこにイギリスはマカロニをもち込んだ。パスタとしてのマカロニである。

それを目にした香港人の調理人は、まずいわれた通りに茹でてみる。そして口に運ぶ。そこで香港人の自由な発想と出合うことになる。これをもっと茹で、歯応えを消したら、それは粥になるのではないか。マカロニは保存がきいた。そしておそらく安かった。香港人の回路が一瞬にしてつながり、通粉という料理が生まれた……。そんなストーリーを組み立ててみる。

しかし人間の味は不思議なものだ。これは粥だと思えば、料理としての存在感が生まれていく。そしていつの間にか、定番朝食の地位までのぼり詰めてしまう。

仮に中国にマカロニが入ったときの発想を辿ってみる。マカロニはパスタだ。中国料理の食材ではない。西洋料理の店は、本来のマカロニ料理を出し、その先へは進まない。そこには中国料理への誇りと、欧米料理へのコンプレックスが渦まいている。マカロニをふにゃふにゃになるまで茹で、粥としてしまう自由さがない。

一九九七年にイギリスから中国に返還された香港は、「一国二制度」を標榜《ひょうぼう》してきた。しかし何回となく民主派や市民のデモが起きるなかで、香港の自由は、中国というより中国共産党の権威主義に晒されていった。それは香港の選挙制度に収斂《しゅうれん》されていく。香港基本法という香港の憲法のなかで、「最終的には全議員が普通選挙によって選出されるという目標に達する」と明記されながら、中国はさまざまな制限を加えてきた。そしてここ六、七年で大きな変節点を迎えた。中国は愛国者という論理をもちだし、自由な選挙をめざす民主派を非愛国者とし、愛国者でなければ選挙に立候補できないという解釈を押しつけてくる。そもそも選挙のない中国には、香港での普通選挙は受け入れられないものだった。中国共産党の権威は一党独裁のなかで守られてきたものだったからだ。

　自由を求める香港の人々の声は次々と押さえられていく。報道される香港の厳しい情勢を耳にするたびに、僕は落ち込んでいった。香港というエリアを支えた自由が、轟音《ごうおん》をあげて国家という重戦車の下敷きにされていくような感覚だった。

　香港人が愛した自由——。それを学ばせてもらったのが茶餐廳だった。それは国家や権威という面妖なもののない底なしの自由だった。香港人の舌は、自由に支えられていた気がする。茶餐廳の料理が、マレーシアのニョニャ料理のように歴史を伝える料理になっていってしまう不安が僕のなかにはある。権威主義に縁どられた中国共産党には、自由という味がみつかりそうもないからだ。香港の人たちは通粉を啜り、鴛鴦茶を飲みながら、自由の行く末を眺めている。

香港の暑さ対策は、路上の苦茶。ついでに世間話。好きな街だったのだが……

パイナップルパン（上）、トースト。でも飲み物は鴛鴦茶。香港の茶賓廳の朝です

茶賓廳は僕にとっての香港食の9割ぐらいを占めている。このテーブルで香港を学んだ

column

粥的マカロニスープを求めて

本文でも紹介している香港のマカロニスープ。これを日本の家の台所でつくってみることにした。材料は簡単に手に入るはずだ。マカロニとハム。アワビもどきは無視することにした。ハムとアワビもどきはトッピングにすぎないということもある。それにアワビもどきという怪しげな食品は、現地でしか手に入らないことが多い。

最初にトライしてくれたのは、香港に何回か一緒に出かけた阿部稔哉カメラマンだった。彼は家にいるときは、家族の食事をすべてつくるというほど料理に明るい。香港では何回も一緒にマカロニスープを食べていた。その味を再現するには適任だった。

彼はまず、料理のレシピサイトで「マカロニスープ」を検索した。そのなかに香港のマカロニスープもいくつかあった。そのレシピに沿って、つくってみたという。

そこで悩んでしまったらしい。

「どれもおいしいんです」

マカロニスープをつくるうえで、最大の問

題にぶつかってしまった。そうなのだ。これはお粥だと頭を切り替えるためには、もとのマカロニスープをつくらなくてはならない。それはまずくないといけないのだ。

　まずいものをつくる？　料理のレシピサイトでは、ありえない発想だった。

「まずいマカロニスープ」

　といったタイトルにしたら、チャンネル登録狙いのユーチューブ動画かと思われるかもしれない。「そんな料理をどうして紹介するのか」という非難もきそうだ。

　阿部カメラマンも、このあまりに大きい盲点に気づかなかった。まずいものをつくるというチャレンジは、かなり高度な精神的な足《あし》枷《かせ》になった。

※　※

　マカロニは市販されている普通のマカロニを使った。短いもので、香港の茶餐廳のマカロニスープに似たものを選んだ。

　ポイントはスープだと思っていた。マカロニはただ煮込めばいい気がした。アルデンテなどというイタリア語は無視する。問題はスープだ。これがまずさの決め手になる。

　困ったことに香港のマカロニスープには、まずい味がついているのだ。それもすごく薄味。しかしマカロニを湯で茹でただけではない。微妙なまずい薄味。

　スープづくりには、クノールの固形チキンコンソメを使った。いろいろ試したが、これがあっさりしている気がした。

　袋に書いてある湯の量を倍にして溶いてみる。それを味見。

「おいしい……ダメだ」

　次に三倍と薄める湯の量を増やしていく。なかなかまずくならない。

　八倍。

「ん?……物足りなさが出てきた」

ここで手を打った。

同時にマカロニも茹でていた。通常、八分と書かれていたが、それではアルデンテ。しっかり芯がなくなるまで。十三分も茹でてしまった。

こうして香港風マカロニスープは完成した。食べてみる。茶餐廳のマカロニスープとはなにかが違う。しかしそれがなんなのかわからない。

しかしまずさ……という点では及第点。

そして、まるで儀式かのように頭を切り替えていく。これはお粥だ……。

マカロニスープとしても香港のそれとは少し違うから、お粥としてもなにかが違う。しかしこちらも及第点。

1

2

3

台湾　独立運動を支えたターローメン

その店は歓楽街の一角にあった。東京の池袋。周囲には居酒屋、風俗店、パチンコ店などがぎっしりと詰まっている。この店の歴史を知り、カウンターで名物のターローメンを食べたとき、若い頃、このカウンターに座ったかもしれないと思った。池袋の居酒屋で飲み会があり、駅への帰り道、仲間と連れだって……。記憶はない。道を歩きながら、友だちが、「ここでラーメンでも啜って帰るか」といった声に首を縦に振ったとしても、なんの不思議もない店だった。メニューを一瞥《いちべつ》し、東京の私鉄駅前にある町中華とは違う世界だということは気づいただろうが、その頃はまだ台湾には詳しくはなく、酒に酔っていたかもしれない。『新珍味』というこの店は、僕にとっては変哲もない町中華の域を出ていなかった気がする。この店をつくった史明《しめい》にしたら、この一帯がこれほどの歓楽街になることは考えてもいなかっただろうし、それは彼にとっての関心事ではなかった。いや、この店からの収入は、彼のいう革命を後押ししていたわけだから、酔客が落とす金は、それなりに意味があった。

さて。

この店の物語をどこからはじめようか。

少し遠まわりになってしまうかもしれないが、二〇一二年の台湾にしようと思う。

そのとき、僕は台北市の隣、新北市の板橋区にある競技場にいた。すでに日は落ちていたが、スタンド席は夥《おびただ》しい人で埋まっていた。一万人？　二万人？　手にしたペンライトが左右に揺れる。

翌日に総統選の投票日を控えていた。台湾の政局は、中国寄りの国民党と、中国とは距離を置く民進党という二大政党制が維持されている。それぞれ、中国国民党、民主進歩党という正式な名称はあるが、台湾では国民党、民進党で通っている。長く国民党の一党体制が続いていたが、直接選挙が実現し、その後、民進党が政権を握った時期もあった。しかし民進党内にも独立派とリベラル派の問題やスキャンダルなどがあり、二〇〇八年には国民党が返り咲いていた。
二〇一二年の総統選は、国民党の馬英九《ばえいきゅう》総統が再選を狙う選挙だった。それに対して民進党は、女性の蔡英文《さいえいぶん》を候補に立てた。僕が向かった競技場は、民進党の選挙前、最後の集会が開かれる場だった。ステージには、

「台湾第①女總統」

という大きな文字が躍り、ステージに立つ人々が次々に大型スクリーンに映しだされていた。僕は中国語がまったくわからないが、集まった人々の耳にもステージからの声はどれほど聞こえただろうか。声は割れ、人々の声援はうねりのように会場を包んでいた。

一時間ほど喧噪のなかに身を置いていただろうか。ひときわ声援が大きくなったかと思うと、ステージに蔡英文が立っていた。いまでこそ、堂々とした総統の顔つきになってきたが、当時は政治家としてのオーラのない地味な女性だった。もともと法律を教える大学の教授だった。彼女にとっては、これがはじめての総統選だった。

しばらくすると、壇上に背の高い老人があがった。李登輝《りとうき》だった。かつて総統だった彼は、自ら政党を立ちあげるなど民進党とは一線を画しているかに見えた。しかし

最後には民進党に合流した。

「私の子供たちをよろしく」

一緒に会場に入った台北在中の知人が訳してくれた。

李登輝は、池袋の新珍味をつくった史明とは別の道を歩んだ。共に台湾の民主化には欠かせない存在だが、生きた世界が違った。ふたりは台湾が日本に支配されている時代に生まれ、日本式教育を受け、日本の大学を卒業していた。史明は二〇一九年、李登輝は二〇二〇年に他界した。

しかしこの選挙で蔡英文は勝つことはできなかった。国民党の馬英九が再選された。

それから四年後の二〇一六年、僕は再び台北にいた。やはり総統選だった。民進党の最後の集会は、新北市の競技場ではなく、台北駅に近い凱《ケ》達《タ》格蘭《ガラン》大道《たいどう》で開かれた。この通りは台湾総統府と台北府城東門を結ぶ十車線もある広い通りだ。長さは四百メートルほどあるという。台北駅に近いこともあり、この大通りはときどき大規模な集会にも使われる。しかし民進党がこの通りを選んだ裏には、もうひとつの理由があった。この通りの名前は、凱達格蘭族という台湾の先住民族の名前に由来したものだったからだ。

後に総統になった蔡英文は、正式に先住民族に対する謝罪をした。これは中国の政策に対する批判が含まれていると見る政治アナリストが多かった。中国は少数民族であるウイグル人への対応で、多くの国から非難を浴びていた。先住民に謝罪した台湾は、中国とは違うというアピールになると……。

総統選前夜の集会の会場で、当時の民進党が先住民問題や集まる支持者の数をどこまで考えていたのかはわからない。しかし二〇一二年の集会に比べると、ステージははるか遠くだった。ステージは台湾総統府側につくられていたが、その前からぎっしりと人で埋まり、僕は前に進むことができなかった。明るいステージの上では人が動いていることはわかるが、顔まではとても見分けられなかった。

そのステージに車椅子に座った史明があがったことを、後日、僕は知ることになる。史明の自伝『理想はいつだって煌めいて、敗北はどこか懐かしい』（講談社）の構成を担当した田中淳氏は、この本の「はじめに」で、そのときの様子を、こう記している。

「欧吉桑《オウジサン》！　欧吉桑来啊《オウジサンライア》！（おじさんだ！　おじさんが来た！）」

彼の姿が大型モニターに映し出されると、大音量の『アメイジング・グレイス』をバックにどよめきが湧き上がる。（中略）蔡英文は老人に向かって手を振りながら大きくうなずいてみせたが、その目がうっすら赤く染まり、涙がにじんでいるのを多くの観衆は見逃さなかった」

史明は欧吉桑と呼ばれていた。オウジサンと発音する。意味も語源も日本語のおじさんである。もっとも史明が欧吉桑と呼ばれるようになったのは、二〇一四年に起きた「ひまわり学生運動」のときだったと思う。当時の台湾は国民党政権で、台湾と中国との間の市場開放案に学生たちが反発し、日本の国会にあたる立法院の議場占拠にまで発展した。その場に、当時九十五歳だった史明が何回も現れ、学生たちを激励したのだった。

史明は台湾のなかでは忘れられつつあった。日本を拠点にしたためなのかもしれない。その老人が忽然と姿を見せたのだ。多くの人が、史明はすでに他界したと思っていたという。

僕が史明の名を目にしたのは、十年以上前だと思うが、どちらかというと過激な思想をもった活動家という印象だった。台湾の現実というフィルターをかければ、過去の人だった。

その史明が、総統選前夜の集会のステージにあがる。かつて台湾のブラックリストの筆頭に名前があったという男が選挙の応援に姿を見せる。それは台湾の歴史を考えれば大変なことだった。しかし、蔡英文をはじめとする民進党の幹部たちはわかっていた気がする。史明をステージにあげなくてはいけない……と。そういう人物だった。

この選挙で蔡英文は圧倒的な票を集め、総統になっていく。この結果に史明がどれほど貢献したのかはわからない。投票前夜のハプニングのような登壇だったから、知らない人も多かった気がする。しかし民進党は史明をステージにあげた。

史明は一九一八年に台北で生まれた。日本の統治時代である。彼は日本の敗戦まで、日本人として育つ。当然、日本語教育も受けている。一九四〇年、彼は早稲田大学に入学する。

史明の家は資産家だった。広大な土地をもっていた。それを仕切っていたのが祖母、邱《きゅう》氏《し》桂《けい》だった。学生時代、彼は下北沢に住んでいた。生活費は大地主の台湾の実家からの仕送り？　彼の実家の資産はそういうレベルではなかった。下北沢の一軒家を買い与えてくれたのだという。

彼は学生時代にマルクス主義に傾倒していく。当時の日本は軍国主義一色に染まっていたはずだ。しかし学生たちの間では、秘密裡にマルクス主義の勉強会が開かれていた。日本の社会はその意味で健全さを残していた気もする。

そのあたりは京都大学に進学した李登輝も似ている。彼も学生時代、マルクス主義に傾き、戦後、台湾に帰った後、中国共産党に入党している。

戦前、日本の大学に進学した台湾人は、どんな意識をもっていたのかと考えてしまう。日本人に比べれば、マルクス主義への関心は高かった気がする。中国本土では、共産党がその存在感を増していた。同じ民族がマルクス主義に走るわけで、弾圧され、地下に潜ることしかできなかった日本人のマルクス主義者とはレベルが違った。日本人より強いリアリズムをマルクス主義に抱いていたようにも思う。

史明と李登輝……。共に台湾では恵まれた家庭に育ち、日本の大学に進学するという選ばれた人生を進んでいる。当時の台湾はかなり貧しく、日々の食事にもこと欠く人々も多かった。

史明は一九四二年に大学を卒業している。戦時下の繰りあげ卒業だった。李登輝は一九四四年、学徒出陣で出征し、より強く日本の軍国主義を植えつけられていくことになる。史明は李登輝より五歳年上だった。この年齢の違いが、その後のふたりの人生を大きく変えていった気がしないでもない。

大学を卒業した史明は中国に渡る。早稲田大学のなかに入り込んでいた中国共産党のスパイとともに上海に渡り、中国共産党の解放区に入ろうとするのだ。

中国行きを促したもの……それは日本だった。

僕は年に一、二回は中国を訪ねる。シルクロードや列車旅など地方に向かってしまうことが多い。しかしその途中で北京や上海にしばしば寄る。そこで、中国に長く暮らす日本人から、まとまることができない中国人の話をよく聞く。

「中国人って、砂のおにぎりみたいなものだと思うんです。いくらひとつに固めようと思っても決してひとつにならない。ぱらぱらと崩れちゃうんです」

「コロナ禍のなかで、上海人に日本の同調圧力の話をしたんです。彼はまったく理解できなかったみたい。根本的なところでね。中国人って、いつもばらばらなんですよ。

同調するってことがない」

史明は台湾で生まれたが、大陸の中国人と同じ漢民族である。ひとつにまとまらない体質は内包していた。しかし大陸の中国人との違いは、日本に支配された世界で育ったことだった。彼は台湾にいる日本人を見ながら育ったのだ。戦争に突き進んでいく時代である。彼が目にしたのは、国という抽象的なものに命を捧げる日本人だった。彼は台北第一中学校に進んでいるが、そこで週四時間の軍事教練を受けている。指導にあたったのは日本陸軍の中尉だった。彼らが教え込んでいったのは、日本への愛国心やそのベースにある武士道に近いものだった。

しかし、彼の愛国心の針は日本には振れなかった。彼は漢民族だった。彼にとっての国は中国だったのだ。彼はひとつにならない中国人を、日本的発想でまとめなくてはいけないと思ったのだろうか。そのあたりの論理は興味深い。

史明は中国につくられつつあった中国共産党の解放区に向かおうとする。しかし流暢な日本語を操る史明を、中国共産党は、解放区の一兵卒にはしなかった。上海で彼を待っていたのは、中国共産党のスパイだった。上海の日本人社会に入り込み、その情報を中国共産党に伝える役割だった。結局、この任務は日本軍の敗戦まで続くことになる。

日本が去った後の中国では、中国共産党と中国国民党の内戦が激しさを増していく。そのなかで史明は、中国共産党の解放区に入っていく。北京で出会った日本人の妻も一緒だった。

解放区での日々は過酷だった。台湾を支配下に置いた中国国民党は、台湾人兵を中国に送り込んできていた。中国共産党との戦闘要員である。内戦のなかで双方に捕虜が出る。中国共産党は捕虜になった台湾兵を再構成した部隊をつくり、中国国民党との戦闘に向かわせることを考えた。その立案者は鄧小平《とうしょうへい》だといわれる。台湾人捕虜部隊の指導役が史明に与えられていく。

史明の行動を見ていると、育ちのいいロマンチストという言葉が浮かんでくる。どこかオノ・ヨーコに似ていなくもない。理想を胸に革命運動に身を投ずる姿に酔っているようなところもある。しかし大地主の家に生まれ、しっかりとした日本人教育を受けた台湾人という出自は、中国の貧しい人民のなかに入り込むというナロードニキ的な理想の足枷になっていく。出口のない貧困のなかで生きるために闘う中国共産党の兵士にはさせてくれないのだ。貧困を扱う中国共産党はなかなか狡猾だった。史明に与えられたのは、日中戦争の渦中では、日本語を使ったスパイ活動だった。国共内戦時代は、捕われた台湾兵を懐柔させ、中国国民党と闘わせることだった。彼がまとめていった台湾人部隊は、所詮、使い捨て部隊だったが。

　そのなかで史明は、台湾人としてのアイデンティティーを心に刻んでいくことになる。

　中国共産党は、いまでもそうなのだが、完全なタテ型の身分社会だった。解放区のなかでは、日々自己批判が続き、粛清が続く。そのなかで、台湾から無理やり連れてこられた台湾兵は犠牲になっていく。その部隊を史明は率いていた。

　史明は中国を脱出することを決意する。学生時代に傾倒し、理想はその理論のなかにあると信じたマルクス主義との決別だった。いや、こういうと史明は怒るだろう。マルクス主義を政治にとり入れた中国共産党からの離別だった。

　いま、新珍味を切り盛りしているのは金田豊さんだ。出身は中国の瀋陽だ。すでに日本国籍をとっているが、彼を採用したのも史明だった。彼はこういったという。

「俺が批判しているのは、中国共産党や中国の一党独裁体制。個々の中国人は政治とは別のものだよ」

史明は身分を隠し、青島から台湾に脱出する。日本人の妻も一緒だった。妻は中国共産党での日々を後にこう話していたという。

「あれは人間が住む世界ではなかった」

しかし台湾もまた、厳しい状況に置かれていた。大陸を追われた中国国民党の蔣《しょう》介石《かいせき》は、台湾での支配をより強いものにしようとする。台湾で生まれ育った本省人の反乱である二・二八事件の鎮圧のなかで弾圧を強めていく。白色テロの時代である。台湾の人々は理不尽な理由をつけられ、次々と監獄島といわれた緑島に送られていった。

そのなかで史明らは、「台湾独立革命武装隊」を結成し、蔣介石暗殺計画を企てる。しかしこの計画は事前に発覚し、史明は台湾のなかで逃亡を続けることになる。そのなかで史明が考えていたのは、日本への密航だった。フィリピンやシンガポールも考えたようだが、大学時代に暮らし、日本語も問題のない彼にしたら、やはり日本だった。彼は基隆の港から神戸に向かう貨物船に忍び込む。積み荷はバナナだった。バナナに埋もれ、バナナで空腹をしのぎながら神戸に着いた史明は、首尾よく日本への入国をはたす。しかし神戸の路上で警察の職務質問を受け、結局、神戸拘置所に送られてしまう。密入国容疑だった。

判決が出、史明は台湾に送還されることになった。しかし受け入れられるわけがない。台湾に戻されたら、国民党による逮捕が待っていた。その先には処刑が待っているかもしれない。そこで彼は政治亡命を口にすることになる。拘留はさらに続いた。

それはいまならなかなか想像しにくい展開に進む。台湾省警備総司令部から届いた文書には、こう記されていたという。

「施朝暉是叛乱反国民党政府第一司令」

施《せ》朝《ちょう》暉《き》というのは史明の本名である。第一司令というのは、第一指揮官といった意味になるらしい。つまり反政府組織のリーダーということになる。なんだか物騒な文言だが、これで史明が政治犯であることが証明される。日本は史明の亡命を受け入れたのだ。

一九五二年のことである。日本、中国、韓国、そして台湾は混乱期をまだ脱していなかった。そのなかでの政治判断はいまとはだいぶ違うのかもしれないが、史明という男は、なかなかの強運のもち主だった。

日本への留学、そして中国でのスパイ任務と中国共産党の解放区のなかでの活動……。中国からの脱出から蒋介石暗殺計画。そして最後には日本への密航。日本を振りだしにした史明の十年は、波瀾万丈のアニメを見ているような気にもなる。ふーッと息をついて眺めれば、日本の軍国主義、中国共産党、そして中国国民党という国家ともいえない政治集団に翻弄される年月だった。そのなかで、史明はイデオロギーの先にあるアイデンティティーに近づいていく。それは中国人でもなく、日本人でもない台湾人のアイデンティティーだった。

台湾の人たちが、台湾人アイデンティティーを声高に口にするようになるのは、それから六十年以上先のことになるのだが。

東京に出た史明の周りには、日本にいる台湾人が集まってきたという。本省人である彼らは、当然、中国国民党を嫌っているわけだから、蒋介石の暗殺を企てた男は英雄視されたのかもしれない。しかし台湾の実家は凋落しはじめていた。中国国民党の政策によって、八十ヘクタールあった土地は二ヘクタール以下に減ってしまっていた。実家を頼るわけにいかなくなった彼は、東京で餃子屋をはじめる。

中国の食は、北の小麦文化と南の米文化に大きくわかれる。中国から引き揚げた日本人は、北の小麦文化圏からの帰還組が圧倒的に多かった。小麦文化の餃子は売れる……というのが史明の読みだった。これが当たった。はじめは八丁堀の小さな店だったが、やがて池袋の九坪という土地にバラック小屋を建てる。これが新珍味の前身である。やがて近くにもう少し広い角地を買い、本格的な店に成長していった。共に働いたのは日本人の妻だった。店に板を敷いて寝起きし、洗面や洗濯は池袋駅のトイレを使ったという。

彼の自伝には、店で餃子をつくっている史明の写真があるが、白衣を着たその姿は、どう見ても台湾料理店のおじさんである。中国大陸の国共内戦のなかで銃を手にした緊張感はなにも伝わってこない。なんという変身の早さかと思う。

恵まれた家に育った史明は、一般の人がいう労働は知らなかった。ましてや、餃子をつくって売ったこともない。おそらくはじめは商売としての餃子づくりの方法は知らなかっただろう。

彼の自伝を読むと、つくり方はみようみまねで覚えたと記されている。いまの新珍味の金田さんや、生前、彼に会った人に訊くと、史明は酒も好きだったが、食べるこ

とも好きだったらしい。つくり方を習うというより、食べながら覚えてしまうタイプだった気がする。史明にはそんな才能があったのだろうか、当然、彼のオリジナリティーも発揮される。

新珍味のメニューにニラレバ炒めがある。中国や台湾で、ニラレバ炒めは食べたことはないから、日本生まれの中華という気がしないではない。しかし新珍味のニラレバ炒めは、日本の町中華のそれとは違う。野菜炒めの上にレバーが載っているという二層にわかれている。おそらくこれは史明の発案だったはずだ。

史明の素人商売は想像以上にうまくいった。池袋に根を張った台湾人ネットワークのなかで、食材が手に入りやすかったことも大きかったといわれる。

飲食店の経営者ならそれでよかった。しかし史明は新珍味で稼いだ金はそっくり、『台湾人四百年史』を書くための資料代や台湾独立運動への費用へと使っていく。『台湾人四百年史』は、先住民時代からはじまり、日本統括を経て国民党政権に至る四百年の歴史書である。それまで中国大陸側から見た台湾史の本はあったが、台湾人がまとめた本ははじめてだった。その資料といっても、多くは台湾にある。国民党の弾圧が続くなかで日本に運ぶのだから、かなりの裏金が必要だったようだ。

この本は最初、日本語で書かれ、日本で出版された。中国大陸からやってきた外省人が、台湾で生まれ育った本省人を支配するという台湾の構造のなかでは発禁になることは目に見えていたからといわれる。その後、アメリカで英語版や中国語版も刊行されたが、史明は本を書くうえで、日本語がいちばん得意だった気がする。子供の頃から日本語教育を受けた。大学でも日本語である。日常会話は台湾語でこなせたのかもしれないが、本を書く、ましてや歴史書を書くとき、その単語の多くは日本語で史明の頭のなかに入っていたようにも思うのだ。

李登輝がそうだった。彼は得意な言語と訊かれ、いちばんの得意は日本語、次いで台湾語、英語、最も苦手な言語は北京語と答えている。台湾にやってきた中国国民党は、台湾の人々に北京語を強要した。学校で習う言葉も北京語になった。いまの台湾人の多くは、その体制のなかで育った。しかし、総統を務め、民主先生、つまりミスターデモクラシーとまで呼ばれた李登輝が、いちばん得意にするのは日本語なのだ。そして、台湾人のアイデンティティーを叫び続けた史明の頭のなかも、おそらく日本語で構築されている。

これをどう考えたらいいのか、とくに悩むことがある。単に言語の問題と押し込めることもできるが、台湾の民主化の上で欠くことができないふたりの思考回路が日本語でつながっているとすれば、台湾の民主化は、その深部で日本とつながっているようにも思えるのだ。

収入を台湾独立運動に注ぎ込んでしまう史明に、日本人の妻は、「お金がすべて台湾に流れていく」と嘆いていたそうだ。妻は一九六四年に新珍味を出ていくことになる。

紋切り方の発想をあてはめれば、理想のために稼ぎを使ってしまう夫に愛想が尽きたということになるかもしれない。史明の自伝のなかには、ドキュメンタリー映画『史明・革命進行式』のなかで語った妻の言葉が紹介されている。

「彼はボンボンですよ、大金持ちの。やっぱりね、大地主の家に生まれた苦労の知らない息子。でも彼にはいいところがすごく沢山あるわけ。教養も深いし。音楽や能や歌舞伎もすごく詳しいでしょ。史明と出会ったときの私は何も知らない白紙の状態だったから、彼は私にいろんなことを勉強させて、本を読ませたりね、だからずいぶん育ててもらったと思うのよ。でもねえ、私も育ってしまったら、余計なことも見えてくるよね。彼の欠点も」

妻は史明と十八年間、生活を共にした。中国共産党の解放区に入り、銃弾が飛び交うなかを台湾に脱出した。台湾では中国人になりすまして生きのびた。そして新珍味で餃子をつくり続ける。そんな彼女にとって、台湾独立のために金を使ってしまう史明の行為は、別れるほどのことだったのだろうか。そのあたりも、前出のドキュメンタリーのなかで語っている。理由は女性問題だった。

「彼はモテたわね、女の人に。とにかく気前がいいしね。私の知らないところでいっぱいやってますよ。（中略）あの人と一緒に暮らしていると疲れる。だから嫌なの。いろいろやっぱり……夫婦なんてそんなもんじゃないの？　でもね、面白かったですよ。私の人生、山あり谷あり」

たしかに山あり谷ありである。それも山は高く、谷はかなり深い。史明が日本から中国に渡ってからの十年をまとめるだけでかなりの労力が必要だった。普通の人々の一生、いやそれ以上の速度でシーンが展開していく。その渦中にいれば、目の前で起きることに振りまわされていくだけかもしれないが、一歩離れたところから眺めれば、かなり疲れる年月でもある。

　しかし史明は、休むことを知らないかのように動き続ける。

　彼は日本に亡命し、台湾の国民党政権から「叛乱反国民党政府第一司令」、つまり反政府組織のリーダーと名指しされながら、二回も台湾に戻っている。もちろん正面から帰国はできないから密入国、いや、言葉を正確に選べば密帰国である。

　ルートは尖閣諸島経由だった。一回目は一九六八年。沖縄はまだ日本に返還されていなかった。そのなかで那覇に行き、さらに与那国島へ渡った。そこからチャーターしてあった漁船で尖閣諸島へ。そこで台湾からやってくる漁船を待つという方法だった。このルートづくりには、台湾のやくざが協力してくれたと史明は語っている。戦争が終わってからサンフランシスコ講和条約が発効するまで、台湾のやくざは日本に麻薬や砂糖を密輸して稼ぎをあげていたという。しかし条約締結後、日本の警察に次々と捕まってしまう。彼らの保証人になったのが史明だった。保釈された彼らは、しばらく新珍味で働いていたという。そのなかで関係ができあがっていく。密輸にかかわった彼らは、日本と台湾の間に広がる海に詳しかった。

当時の尖閣諸島は平和なものだったという。日本と台湾の漁船の交易島だったようだ。互いにもち寄る物資を交換していた。そこで史明も台湾からの漁船を待ったわけだ。

このルートで史明は、台湾にいる独立派に軍資金を運び、台湾の状況を確認している。そのなかで、蔣介石の長男、蔣経国《しょうけいこく》の暗殺未遂事件が二回起きる。共に失敗するのだが、そこに史明もかかわっていた。

池袋の新珍味は、敷地面積こそ狭いが、五階建てのビルだった。その五階が台湾独立運動の拠点だった。ここで勉強会が開かれ、爆弾の試作も繰り返されていた。台湾独立派のアジトと呼ばれたのはこの頃だと思う。

大学進学を機に、僕が上京したのは一九七三年である。仲間と池袋で酒を飲むことは少なくなかった。猥雑な街だった。パチンコ店や風俗店がひしめいていた。学生時代に二回、台湾を訪ねていた。白色テロの嵐は一時よりは鎮まってきたとはいえ、まだ全土に戒厳令が敷かれている時期だった。日本の左翼雑誌はもち込むことができず、『朝日ジャーナル』も空港で没収される時代だった。

台北のレストランで働く女性と知り合いになった。当時の台湾は日本人の買春ツアーが盛んだった。僕は学生で金がなく、そんな世界には縁がなかったが、彼女に二回ほど台北を案内してもらった。彼女は日本語を学んでいた。その練習台のようなものだった。

なんとか大学を卒業し、新聞社に入った。まだ研修期間だったと思う。彼女から日本に行くという連絡が入った。成田空港に出迎えに行くと、彼女はもうひとりの台湾人女性と姿を見せた。その女性は、日本人の会社員の名刺を百枚以上もっていた。その一枚をとりだし、「ここに電話してほしい」といった。その女性はおそらく、台北の林森《りんしん》北路《ほくろ》にある日本人向けクラブで働いていた女性だと思った。ふたりの宿泊先が書かれたメモを見せられた。そこには、「台湾倶楽部」と書かれていた。住所は池袋。歓楽街の路裏を入っていくと、そこに一軒のアパートがあった。おそらく大家は台湾人なのだろう。ホテルのように利用できるアパートだった。宿代はだいぶ安いはずだった。そのとき、池袋のなかに根をおろす台湾人社会の濃さのようなものが伝わってきた。

新珍味も、そんな台湾人社会をつくる一軒だったが、その五階には史明が陣どっていた。彼を通し、日本人が酒の席の後で注文するターローメンの代金が、台湾独立派の活動資金になって流れていった。蔣経国暗殺計画にしても、その資金の一部は、日本から送られたはずだ。接待に疲れたサラリーマンが啜るターローメン代が、そんな金に換わっていくことを多くの日本人は知らなかった。もちろん僕もそのなかのひとりだった。台湾を歩き、そのいびつな社会が気にはなりはじめていた。しかし僕はまだ台湾問題の本質すらよくわかっていなかった。

しかし台湾はその後、大きく民主化に舵をとることになる。その中心に李登輝がいた。一九九六年に彼は台湾初の総統直接選挙で総統に選ばれる。本省人初の総統でもあった。

しかしその動きは、一九八〇年半ばからはじまっていた。一九八四年に蔣経国は李登輝を副総統に指名する。そして蔣経国の死を経て、李登輝は総統代行になる。このあたりから、台湾の民主化は本格的に動きはじめる。一九八七年には戒厳令が完全に解除され、憲法も改正された。行政院の主導権を握った李登輝は民主化をより進めていくことになる。このとき、彼についたニックネームが、「民主先生」、ミスターデモクラシーである。

李登輝という人物への評価は、台湾より日本のほうが高いように思う。台湾の人々はより冷静に彼を見つめていた。というのも、李登輝は人々を苦しめ続けた国民党の人間だったからだ。

李登輝は史明とは違う。台湾の独立や民主化を腹の底に隠し、国民党の政治家を装いながら、チャンスを虎視眈々と狙っていたわけではなかった。高まる民主化への動きという風を読んだ政治家だった。彼はバランサーだと思う。釣り合いをとるタイプである。旧ソ連のゴルバチョフ、ミャンマーの軍事政権内にいたテイン・セインがそのタイプに映る。もっともミャンマーはいま、再び軍事政権に戻ってしまったが。

李登輝の読みは的確だった。その確信を得たのはいつなのだろうか。『李登輝秘録』（河崎眞澄著・産経新聞出版）にこんな記述がある。

――84年に副総統になっていた李登輝は、蔣経国の密命を86年2月に受け、台湾初の野党結成を陰で見守ったという。「明らかに独裁政治の終わりだと思った。

（密命を下した）蔣経国総統もそう考えていたでしょうね」と明かした。

実は台湾民主化への道筋をつくったのは、絶対的な権力を握っていた蔣経国だと李登輝はしばしば口にしている。この話になると、少し話がずれてしまうから深入りはしないが、蔣経国の死後、李登輝がとっていった政策は冴えていた。そのあたりが李登輝のバランサー能力だと思う。

台湾で進む民主化は、東京の池袋にいる史明にも影響を与えていく。彼にとっての目標は、民主化のさらに先にある台湾独立である。台湾人のアイデンティティーをより台湾人に広めていくことだった。しかし民主化が進むなかで、独立への運動は停滞していく。中国国民党という打倒する対象の弱体化は、独立派の求心力を弱めてしまう。そこで史明は台湾に戻ることを決心する。しかし史明は相変わらず政治犯だった。やはり尖閣諸島経由のルートしか残っていなかった。いかにも史明らしく密帰国する。一九九三年のことだ。しかし台南で捕まってしまう。だが台湾はすでに大きく変わっていた。史明は保釈されるのだ。

それ以降、史明は街宣カーを用意し、台湾人のアイデンティティーを訴え続ける。

すでに七十歳半ばになっていたが、雨の日も休むことはなかったという。

しかし突然、街に現れた史明の街宣カーに、台湾の人々は距離を置くようになる。無理もなかった。日本に亡命して以来、史明は日本をベースにしていた。二回密帰国し、台湾独立派を牽引していたが、台湾人の前に姿を見せることはできなかった。捕まってしまうのだ。その年月は四十年を超えた。いや、それ以前も史明は表通りを堂々と歩くことはできなかった。そんな老人が急に姿を見せ、車の上から、台湾独立や台湾人のアイデンティティーを語りかけはじめたのだ。

史明は年に一回は、東京の池袋に戻った。台湾での運動資金を稼ぎだすのは新珍味だったからだ。

そんなとき、史明は東京で倒れる。九十一歳だった。一カ月以上、昏睡状態が続いたという。なんとか一命をとりとめた史明を見舞いにきたのが蔡英文だった。彼女は史明を台湾から見続けていたのかもしれない。

それは歴史の巡り合わせだろうか。台湾の経済は中国に依存する部分が多い。蔡英文政権は当然、中国と距離を置くから、景気は好転しない。蔡英文政権への不満が高まってくる。再選は難しいのではないか……そんな憶測が流れるなか、香港で民主化運動が激しくなる。それに対して中国は強大な権力で立ち向かってしまう。香港が中国に返還されたとき、中国とイギリスの間で決められた一国二制度が骨抜きになっていく。

一国二制度――。それは最終的には台湾に向けられる政策だった。香港の情勢を目にしていた台湾の人々の意識がしだいに変わっていく。

私たちは中国人ではなく台湾人……。

北京語ではなく台湾語を使うテレビ局が登場する。香港は台湾人アイデンティティーに火をつけてしまった。そこで史明の名前が台湾の人々の間で浮かびあがってくる。ぶれることなく、一貫して、台湾人アイデンティティーを唱え続けていた男がいた……。

蔡英文は、新型コロナウイルスへの対応がうまくいっていることも追い風になり、再選をはたした。

池袋の新珍味でターローメンを啜りながら、史明と李登輝の人生を反芻してみる。すでにふたりとも他界してしまったが、彼らにとって日本とはなんだったのか……と。

前出の『李登輝秘録』のなかに、こんな一文がある。

「総統の在任中はもちろん、退任してからもしばらくは誰にも言わなかったけどね、台湾の民主化と政治改革には坂本龍馬の『船中八策』が大きく影響したんだ」

船中八策は、幕末に坂本龍馬が新しい国家の体制を記したとされるものだ。歴史学者の間では、歴史小説のなかの創作ともされているが。李登輝は、台湾の民主化と改革という難局のなかで、坂本龍馬を思っていたのだろうか。

史明に採用され、いまの新珍味を切り盛りする金田豊はこんなことをいった。

「史明さんの料理の教え方はすごく丁寧でした。日本人的なんです。ターローメンは中国にもあるけど、この店は独特ですからね。中国人のコックは、料理のつくり方をいっさい教えない。傍で見ながら覚えるというか、盗むんです。史明さんは日本人でしたね」

史明に何回か会った日本人は、こんな話もしてくれた。

「史明さんは、とにかく魚の食べ方がうまかった。上手に箸を使って、食べ終わると、きれいに骨だけが残る。学生時代に日本人の魚の食べ方をしっかり身につけたといっていました」
史明は魚の食べ方がうまかったのか……。
ターローメンを啜りながら、また考える。

台湾の慈湖紀念雕塑公園。蔣介石の像だらけ。台湾らしい公園だと思います

新珍味のターローメン。街中華とは一線を画した台湾アイデンティティーの味？

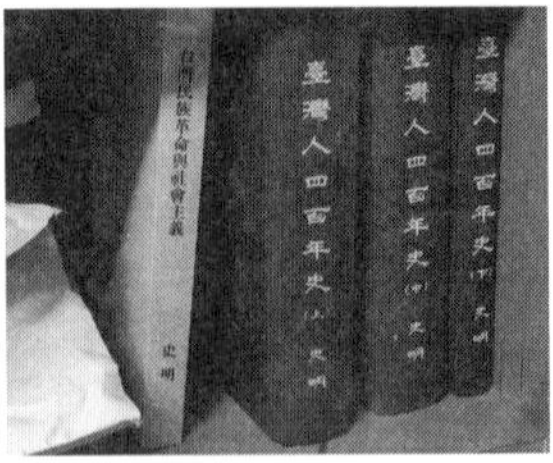

新珍味の上階には、史明が寝起きした部屋が残されている。そのままに

column

台湾おでん・滷味

ルーウェイと読む。しかしこの存在を知る人は意外と少ない。見慣れない漢字のせいなのだろうか。台湾ではあたり前のように広まっているからかもしれないが。

しかし滷味のにおいを察知したとき、台湾の旅が蘇ってくるはずだ。そう、台湾を一回でも旅したことがあれば、滷味のにおいは必ず刷り込まれている。とくに台北の商店街や住宅地。その路上には滷味のにおいが漂っている。

いいにおい？　そうともいえない。漢方系のにおいである。日本人のなかには八角のにおいが苦手な人もいるから、その人たちにとっては顔をしかめるにおいでもある。

この滷味という漢字、大陸中国にはないと聞いたことがある。福建省あたりに行けば通じる気はするが、たしかに北京や上海では見かけない。台湾の味といってもいい気がする。

台湾と中国はさまざまな問題を抱えているが、眉間に寄せた皺《しわ》をすっと開いて、食べ物の世界に入り込む。台湾と中国の違い……それは滷味ではないかと思う。

では滷味とはなんなのか。台湾の人に訊くと、「煮込み料理の味」「台湾おでん」などという。

その形態もさまざまだ。鴨を滷味で煮込んだものを、台湾の人はおやつのように食べる。映画を観ながら、チュッ、チュッとかじることもある。あれにはちょっとついていけないが。

多いのは野菜や豆腐、肉、麺などを滷味で煮込む料理だろうか。店には小型のざるが用意されている。客は好みの食材をざるに入れて渡すと、それぞれを煮込んでくれる。

滷味は餃子店のサイドメニューになることも多い。具はほとんど肉系。メインの餃子が出る前に……というわけだ。なかには餃子より、餃子店の滷味が好きという台湾人もいる。

※　※

台北のスーパーで滷味包をみつけた。大型ティーバッグのようなスタイル。なかに滷味の材料が入っている。八角、ウイキョウ、花椒、クローブ、シナモン、川芎《せんきゅう》砕というよくわからない香辛料も入っていた。

日本にもち帰り、家でつくってみた。沸かした湯に滷味包を入れて煮込む。そこに好みの具を入れればいい。簡単である。僕はさっそく、湯に滷味包を入れた。ものの一分もかからず、キッチンは台湾になってしまった。あの路地裏に漂うにおいに満たされてしまったのだ。正直なところ、この時点で満足してしまった。具を煮込んで滷味の料理を口にしなくても、においで満たされてしまった感があった。

しかし滷味包は日本では通販でしか手に入らない。そこでしばしば一緒に台湾に出向く中田浩資カメラマンと、簡単に手に入る香辛料で滷味料理をつくってみた。さまざまなレシピがあった。そのなかで選んだものは、コーラを使うものだった。

　湯にコーラ、醤油、砂糖、酒を入れ、ネギ、ニンニク、ショウガを入れて煮込む。そこに五香粉と八角を入れる。五香粉は一般のスーパーでも比較的簡単に手に入った。クローブ、花椒などが入った香辛料ミックスだ。

　これと八角が出合うと滷味に限りなく近くなった。キッチンは一気に台湾になっていった。

　このときは、手羽、豆腐、昆布などを入れて煮込み、最後にブロッコリー。

家族にも食べてもらった。

「うーん、台湾」

やはり皆、そう思うらしい。

1

2

3

4

昭和新道に溶け込むリトルオキナワ

沖縄に出合った僕は、いとも簡単に沖縄病に罹《かか》ってしまった。一時期、その病状は重かった。電車に乗り、「沖電気」の「沖」に反応し、テレビの天気予報では、暮らしている東京より、左隅に表示される沖縄の天気のほうが気になった。

東京にいてもいつも沖縄が体を支配するようになる。東京やその近郊に沖縄を求めるようになる。神奈川県の鶴見に出かけたのは当然の流れだった。そこにはリトルオキナワがあるはずだった。

京浜東北線の鶴見駅で降りた。品川から横浜にかけて続く京浜東北線の駅周辺は、どこも同じような顔をしている。駅前には海との間に壁をつくるようにビルが建っている。この設計は、火災の延焼を防ぐためなのだろうかと考えてしまう。

鶴見駅前のロータリーから、海の方向に向かって歩きはじめる。潮鶴橋《しおづるばし》を渡る。事前に調べた資料では、この先が潮田《うしおだ》で、リトルオキナワが広がっているはずだった。しかし沖縄にはなかなか出合えなかった。沖縄料理店の看板はあるのだが、閉まっている店が多かった。仲通りに出た。ここがリトルオキナワの中心のはずなのだが、歩く人は少なかった。どこか人口減少に悩む地方都市の繁華街に似ていた。

途中に三階建ての古いビルがあり、一階に「おきなわ物産センター」という看板が出ていた。なかに入ってみたが、客はほとんどいなかった。

リトルオキナワは消滅しつつある？

資料を読むと、この一帯の最盛期は戦前だった。造船所があり、全国から労働者が集まってきた。地方から労働者や朝鮮人、そして沖縄……。沖縄は日本なのだから、地方からの労働者なのだが、当時、本土の人たちの沖縄人への視線は、いまとはだいぶ違ったようだ。沖縄の人たちの言葉や習慣は、本土の人にはかなり奇異なものに映った。

潮田には、そんな多様な労働者向けに、六百軒を超える飲食店があったという。

しかしその頃、店に貼りだされた言葉がその後、沖縄の人々の意識にトラウマをつくっていくことになる。

「朝鮮人、沖縄人お断り」

この話は沖縄でも聞いていた。沖縄の人たちが本土に向かうとき、この言葉が、喉に刺さった骨のように浮かんでくる、といった沖縄の人がいた。沖縄病に罹っていた僕は虚を突かれたような気になったものだが、その貼り紙が出たのが潮田だったようだ。いやほかのエリアにも、同じ内容の貼り紙が出されたのかもしれない。

戦前の鶴見を支えたのは、造船業をはじめとする軍需産業だった。そのため、終戦の年には激しい空襲に見舞われ、潮田も焼け野原になってしまった。

沖縄は太平洋戦争末期には、日本で唯一、地上戦が展開され、多くの犠牲者を出して戦争は終わっていく。

なにもかもなくなってしまった沖縄の人たちは、しばらくすると本土に働く口を求めていく。集団就職で本土に渡った人も少なくない。首都圏にやってきた沖縄の人たちは、やはり鶴見に住むことが多かった。沖縄の人間として差別を受けた街でもあったが、つてを考えれば鶴見しかなかったのかもしれない。いまは寂れてきてしまったが、リトルオキナワはこの時期につくられていく。

いまのリトルオキナワには、ボリビアやブラジル料理店が何軒かある。そのメニューを見ると、牛肉料理の横に沖縄そばの写真が載っていたりする。この店を経営しているのは、南米に移住した沖縄の人たちの二世、三世だった。日本に戻り、南米料理の店を開いた場所は鶴見だった。おそらく、この街の人々は南米移民世代とのつながりもあったのだろう。

しかし彼らは、沖縄がもつ負のイメージも背負っていた。

このエリアに住んでいた人々の思いをまとめた『記録』（一九八二年発行）という冊子がある。そこにこんな文章が掲載されている。

「――子供は五人いるが、子供たちが〝琉球〟とバカにされたくない。家も沖縄の人のいないところと移っていった。子供たちは自分たちをウチナンチュだとは思っていない。奥さん自身、沖縄の人とは付き合いたくなかった」

鶴見のリトルオキナワの衰退の一因は、そんなところにもあった気がする。

潮田を離れた沖縄の人々は、東京という街のなかに紛れるようにして暮らしはじめたわけだ。カミングアウトすることもなく、本土の人間を装っての暮らしである。

　しかし戦後、本土にやってきた沖縄の若者には、そんな情況への反発も生まれる。親の世代が受けた差別を知らないことは、強さに転化することもある。彼らは、東京の人から出身地を訊ねられ、「沖縄」と答える。するとこんな言葉が返ってきたという。

「日本語、うまいですね」

　そこから戦前、沖縄の人々が置かれた構造に気づくことになる。追って登場する沖縄出身の新里《しんざと》愛蔵《あいぞう》は上京後、そんな空気に抗うように沖縄の三線《さんしん》にのめり込んでいく。あるとき公園で三線の練習をしていると、沖縄出身の男性からこういわれたという。

「外で三線をしないほうがいいよー。危ないからね」

「危ない？」

「そう、なにをされるかわからんさー」

　東京で働く沖縄の若者のなかには、本土復帰の運動にかかわる人も多かった。彼らはターミナル駅などでビラを配り、三線を弾いた。そんな経験をもつ知人がこんな話をしてくれた。

「横浜駅前で三線を弾いていると、沖縄出身の人が近づいてきて、こう耳打ちしたんです。『沖縄の宝を本土の人の前で見せるもんじゃない』ってね」

さまざまな軋轢《あつれき》のなかで、東京のなかにリトルオキナワはなかなか形成されなかった。沖縄料理店は中央線の沿線に多いとも聞いたが、それがひとつの沖縄ワールドをつくるほどではなかった。

しかし東京のなかの沖縄に、ひょんなところで出合うことになる。タイのチェンマイだった。そこで新里愛蔵という沖縄出身の老人と出会った。彼はチェンマイに来る前、中野で『山原船《やんばるせん》』という沖縄飲み屋を開いていた。彼とのつながりが生まれ、やがて中野を拠点にする三線愛好会のメンバーなどと話をするようになっていく。

そして分け入ったのが、中野の昭和新道商店街だった。山原船はそこにあった。いまはすぐ近くに『あしびなー』という沖縄居酒屋がある。新里愛蔵の山原船を引き継いだような店だった。新里愛蔵は絵も描いた。彼の絵が店内に飾ってあった。

昭和新道商店街は中野駅北口から北にのびるアーケード街、サンモール商店街から東に二本ほどのところにある路地だった。三線愛好会はここでよく練習をしていた。

それが終わると飲み会。僕はそれを見計らって店に行くようになった。

あしびなーに出入りするようになり、ここがリトルオキナワだと思うようになった。昭和新道商店街に沖縄居酒屋が集まっているわけではない。はっきりと沖縄居酒屋とわかるのは四軒ほどだろうか。

しかしあしびなーにいると、近隣の店で働く沖縄の若者がよく顔を見せた。働き口はさまざまだった。量販店やラーメン店、コンビニや薬局……どこも沖縄には縁がなかった。店が昭和新道商店街に近いというだけだった。新宿で働いている若者も、よく店にやってきて、延々と三線を弾き続けていた。なにかを忘れたいために弾いているようにも思えた。そして終電を逃がすと、店で寝ていった。あしびなーはそういう店だった。

日本のなかのアジア——。そういう話になると、エスニック料理店が軒《のき》を連ねる街を想像する。横浜や神戸の中華街、大久保のコリアンタウン……。しかし集まった店が差別の標的になってしまうとしたら、エスニックタウンとして広がってはいかない。

「沖縄居酒屋が集まれば、皆、それを目当てに集まってくるさー」

といった話が終わる前に、彼らの脳裡に、「朝鮮人、沖縄人お断り」という言葉が

昭和新道商店街
昭和新道商店街
昭和
新道
新道
昭和新道

浮かんできてしまったら、唇の周りには、そこはかとない寂しさが宿ってしまう。

それは考えすぎなのかもしれない。昭和新道商店街には沖縄居酒屋が多くない。しかしこの通りには島を離れ、東京に暮らす沖縄の若者がやってくる。

新里愛蔵さんの本を書くことになり、昭和新道商店街についても調べた。やはりこの路地が沖縄を意識してできたわけではなかった。

戦後、多くの若者が出稼ぎで東京にやってきた。しかし本土と沖縄の間にある溝に悩み、言葉の壁にぶつかった。いちばんは組織のなかの上下関係だという沖縄の人は多い。

沖縄にしばらく滞在すればわかることだが、彼らの言葉遣いからはヒエラルキーのにおいが漂ってこない。先輩、後輩といった言葉はあるのだが、その感覚が違うから、すぐに、いまでいうところのため口になってしまう。小さな島のなかでは、人の上下関係は意味が薄いのかもしれないが、東京で働きはじめる沖縄の若者は、まず、そのあたりで注意を受けることになる。疎外感に包まれる瞬間だという。

そのなかで新宿区や中野区に「郷土の家」ができる。そこは東京に長く暮らす沖縄出身者が、週末、自宅の一室を沖縄の若者に提供するものだった。沖縄からきた若者は、ここに集まり、泡盛を飲み、三線を弾き、エイサーを踊った。

中野区の「郷土の家」は上高田にあった。中野駅からそこに向かう道……昭和新道商店街だった。

ただそれだけで？

しかしあしびなーにいると、この路地の役割がわかってくる。

中野は沖縄の祭りが多い。中野チャンプルーフェスタ、沖縄とアイヌがコラボするチャランケ祭……。それ以外のさまざまな祭りに、三線やエイサーのチームが出演する。その打ち合わせや練習が、毎夜のように昭和新道商店街で行われているのだ。

「タカオはどこにいる？」

あしびなーに顔を出した青年が沖縄方言で話しかける。

「『アマン』で三線、練習してたさー」

昭和新道商店街はそういう通りだった。リトルオキナワは、鶴見の潮田を経て、中野のこの路地に移った。少なくとも僕はそう思っている。

東京で出合う中央アジアのパン

昭和新道商店街は長い路地ではない。中野駅からしばらく進むと、早稲田通りに出る。そこを渡ると、まだ先に道はのびている。「薬師あいロード商店街」という表示がある。

道を歩いてみればわかるが、ここは新井薬師への参道である。「東の浅草寺、西の新井薬師」といわれていたそうだから、昔はかなりにぎわっていたのだろう。有名な寺院には花街が隣接していた。それがいまの中野駅北口あたり。昭和新道商店街もその一角である。

いまはないが、この薬師あいロードにあった『レラ・チセ』という店に何回か行った。そこはアイヌ料理の店で、祭りの打ち合わせが目的だった。

昭和新道商店街のコラムでその祭りにも触れている。チャランケ祭である。アイヌと沖縄が一体になって繰り広げられる祭りだ。

沖縄とアイヌ……。彼らが使う言葉に共通点が多いという話があった。単語も似ているものがあるという。一度、沖縄の与那国島で、オバァ言葉の聞きとり調査につきあったことがあった。アイヌの言葉との共通点をみつけることが目的だった。結論からいうと、よくわからなかった。強引に結びつければなんとか……というレベルだった。専門家の間でも否定する人が多い。平安時代の言葉が、沖縄の人とアイヌの間に残ったのでは……という見解もあった。

しかし沖縄の人とアイヌは顔立ちが似ていた。彫が深く、毛深い。そこから元は同じ民族かもしれないという発想が生まれる。辺境に追いやられたふたつの民族に共通したもの、といった乱暴な連想も背後にはあった気がする。

僕はチャランケ祭を手伝うことになり、レラ・チセで何人ものアイヌと話をした。多くが東京近郊に住んでいた。そして自分がアイヌであることを隠して暮らしていた。沖縄の人以上に、カミングアウトは難しいようだった。

沖縄ブームは沖縄の人、つまりウチナーンチュの評価をあげた。かつてのように出身を隠して暮らす人は減りつつあった。しかし、「朝鮮人、沖縄人お断り」という過去が消えたわけではなかった。

祭りとはいえ、互いに引き合うものはあった気がする。そんな結びつきを可能にさせたのも昭和新道商店街という路地だった。本来なら、この商店街にレラ・チセをつくりたかったのかもしれないが。

その後、レラ・チセは閉店。薬師あいロードから足が遠のいていたが、昭和新道商店街も平等に襲う新型コロナウイルスが、再び薬師あいロードに向かわせることになる。

コロナ禍で海外に出ることができず、そんななかで、東京でアジアの味を再現してみるという企画がもちあがる。中国の列車旅を支えてくれたのがカップ麺とウイグルパンだった。中国のカップ麺は中国食材の店で簡単に手に入るが、ウイグルパンは……。検索していくと、一軒のベーカリーがヒットした。ウズベキスタンのパンを販売しているようだった。ウイグルパンとは違うが、その味はかなり近いはずだ。電話で聞いてみた。出たのがシェルさんだった。店は春日部にあるが、毎日オープンしているわけではないという。しかし彼はこう続けた。

「でも、パンは毎日、新井薬師にある『ヴァタニム』という中央アジア料理の店に届けています。そこで簡単に買えます」

「新井薬師？」

「中野から新井薬師に向かう道の途中です」

薬師あいロードだった。

ヴァタニムという店だった。シェルさんが店にいた。焼きたての中央アジアのパンを受けとった。

パンが入った袋から、いいにおいが立ちのぼる。駅への道すがら、耐えきれずに、パンを少しちぎって口に運んだ。

アフガニスタンのマザリシャリフの空が蘇ってきた。

アフガニスタンに行くことは難しい状況が続いているが、かつて、タリバン政権が崩壊した後のしばらくの間、簡単に入国することができた。その時期、アフガニスタンをぐるりと一周したことがある。

パキスタンのペシャーワルから入国し、ジャララバード、カブールと進み、北部の

マザリシャリフに着いた。そこからヘラートに向かう朝だった。

僕はホテル近くの食堂で朝食をとった。大きな木の下に四角い縁台のような台が三個ほど並んでいた。そこにあがり、朝食をとる。

パンとチーズのようなヨーグルト、紅茶という簡単なものだった。出されたパンをちぎり、口に運んだ。

しっかりした味だった。ずっしりとしていて、食べ応えがある。ベーグルに似ている気がした。なにもつけず、このパンだけで食べることができた。噛むほどに柔らかな味が口のなかに広がる。

似たパンはこれまでも食べていた。東南アジアからインドに渡り、西に向かっていく。主食が米からパンに変わっていく。インドからパキスタンに入ると、ひとつのパンが大きくなっていく。何人かで車座になり、中央にパンが置かれ、それを皆でちぎって食べるスタイルになっていく。なかでもペシャーワルのパンはとびきり大きい。

しかしアフガニスタンに入り、パンの味が変わった。よりしっかりした歯応えのずっしりと重いパンになっていった。

そのとき、僕は三種類目のパンに出合っていたことを、その後で知ることになる。

一種類目は欧米型のパンだった。日本でも主流になりつつあった。しっかり発酵させ、適度な軽みがある。その代表がフランスパンだろうか。

二種類目はアジア、そう東南アジアのパンである。甘みが加わり、パンというより菓子に近づいていく。タイ語でパンのことはカノムパンという。カノンは菓子のことだ。主食はあくまでも米であって、パンはあくまでも菓子だった。

バンコクでタイ語を習っていたとき、クラスメイトはほとんどが欧米人だった。彼らはよく、

「バンコクにはおいしいパン屋さんがない。バンコクのパンは甘いんだ」

とこぼしていた。

日本のパンもかつては甘かった。しかしその後、食の欧米化が進み、いまでは甘いパンは少数派である。沖縄に行くと、その甘いパンの存在感が増す。沖縄ではほのかに甘い食パンが売られている。

僕はこの二種類のパンの世界を生きてきたのだが、アフガニスタンで三種目のパンに出合った。それは「これが主食」と主張するパンの世界だった。

たとえば日本人も、おいしい米のことを、「ご飯だけで食べることができる」とい

う。それとまったく同じことが、アフガニスタンのパンにはあった。パンだけで十分……。そんな感覚だった。欧米型のパンは、やはりなにかと一緒に食べておいしいパンだと思う。

三種類目のパン――。それが中央アジアのパンだということをその後に知ることになる。シルクロードや玄奘《げんじょう》三蔵のルートを歩く旅の食卓は、そんなパンに支配されていた。

そのパンに薬師あいロードで出合う。アイヌから中央アジアのパンは結びつかない。寂れつつある参道の商店街は家賃が安かったのかもしれない。

その後、ネットを見ると、僕にパンを売ってくれたシェルさんは日本を離れてしまったことが記されていた。ヴァタニムはあるが、春日部のベーカリーは閉店になっていた。昭和新道商店街から薬師あいロードへの導線はつながっては切れてしまうことを繰り返している。

新疆《しんきょう》ウイグル自治区から西はパンの王国。市場に並ぶパンを見ればわかる(カシュガル)

カシュガルの土産はウイグルパンと決めている。2～3日たっても味は変わらない

新疆ウイグル自治区のテッパン列車めし。カップ麺、ソーセージ、そしてウイグルパン

ウズベキスタンのホテルの朝食。パン、そしてたっぷりのヨーグルトという幸せ

column

ケバブで感じるイスラムの夜

　羊肉は好きだが、得意ではない。妙な表現かもしれない。イスラム圏に入ると、羊肉を食べる機会が増える。久しぶりの羊肉……それはどんな肉よりも勝っているような気になる。そこで調子に乗って、毎日のように羊肉を食べる。それから一週間。蕁《じん》麻《ま》疹《しん》が出てしまうのだ。僕の体質は羊肉に合っていないのだろう。しかし好きなのだ。

　ケバブ……。焼くものは肉以外にも魚や野菜でもいいようだが、やはり肉だろう。そしてトルコ語だから羊肉になる。

　しかしケバブはさまざまだ。単に羊肉を焼くだけだが、肉のサイズがかなり違う。もちろん食べ方も違う。

　イスラム圏のすべてのケバブを食べ比べたわけではないが、これまで食べたなかで、肉塊が最も大きいのが、ウズベキスタンを中心にする中央アジア。中サイズが中東だろうか。最も小さいのが新疆ウイグル自治区のように思う。

　ウズベキスタンのケバブの肉は大きい。肉を刺す串も小刀に近づいていく。太い串を握り、肉を歯で押さえ、ぐいッと引き抜くとき、自分のなかの野蛮な本能が刺激されたような気になる。肉は五センチ角を超えるものもある。まさに肉との格闘になる。

　それが新疆ウイグル自治区に入ると、一～二センチ角になる。日本の焼き鳥と同じぐらのサイズになっていくわけだ。

　食べやすいというより、心穏やかに肉を食べることができるといったほうがいい。

　しかし新疆ウイグル自治区はイスラム圏である。彼らは酒を飲まない。いくら焼き鳥に近づいていってもビールが……。中央アジアもイスラム圏だが、長くロシアだった影響で、ウオッカなどの強い酒をがんがん飲む。

　しかし新疆ウイグル自治区には、漢民族が多く暮らしている。これが昨今の人権問題にも発展しているのだが、街には漢民族用のビールや酒が普通に流通していた。

ケバブを焼いてくれるのはイスラム系の店だから、店主に頼み込むことになる。

「ビールを買ってきて、飲みながらケバブを食べていいでしょうか」

　許してくれることが多い。

　彼らにしても、異教徒の飲酒まで口を挟むつもりはない。しかし中国人のように、大人数でテーブルを囲み、強い酒で乾杯を繰り返す、いってみれば宴会的な酒には抵抗があるようだった。

　静かに飲むなら……そういってくれたケバブ店の主人もいた。

※　※

　新疆ウイグル自治区を、一緒に何回か歩いた中田浩資カメラマンが、ケバブづくりに挑戦してくれた。

　ラムの肩ロース肉を新疆ウイグル自治区サイズに切り、砂糖、おろしタマネギ、おろしニンニク、酒を振り、ひと晩寝かす。

　これに串を打ち、クミンの種をふりかけ、炭火か魚焼き機で焼く。そして食べる前に唐辛子を振りかける。

　彼のつくり方に沿ってやってみた。

　これがうまくいった。新疆ウイグル自治区のケバブにかなり近い味が再現できた。日本でつくったから、ビールは自由に手に入る。

　焼いたケバブをかじり、ビールを一杯。ウルムチやカシュガルの夜が蘇ってくる。

　クミンがかなり効いていた。これはポイントのように思える。

1

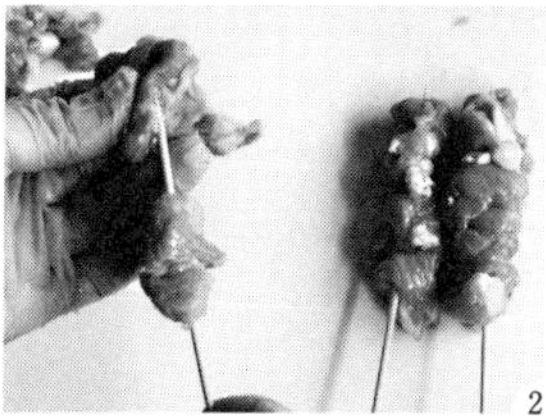
2

3

119p ヤンゴン市内の路上にある麺屋。「早い、安い、うまい」が人気なのはいずこも同じ？
126p ミャンマー東北部の町、ラショー。托鉢にまわる小坊主たち
213p 台北市内の食堂で食べたルーウェイ。具材も味付けも店によって微妙に違う
23p JR中野駅北口。昭和新道商店街。かつて新里愛蔵さんの店には多くの沖縄出身者が集まり、酒を酌み交わしていた
230p ウズベキスタン・サマルカンドのレギスタン広場
234p 中国新疆ウイグル自治区、クチャの旧市街でお茶を飲み、ケバブをほおばるウイグル族の老人
その他　31,34,85,86,88,130,215,235,236p

下川裕治
32p ミャンマー北西部・カレーミョの朝食
その他　131,133p

〈本文写真〉
阿部稔哉
73p タイの列車内のカオラム屋
140p シャン州のチャイントン。屋台と食堂の中間のような店で朝食
146p シャン州のカオスエ
161p 香港の風景に茶餐廳の看板は溶け込んでいる（右下）
166p 朝昼晩お世話になった重慶マンション近くの茶餐廳
174p 香港島のビクトリアピークからの眺め
196p 台北のルーウェイ店
207p 台北の独立派の店『阿才的店』
その他　74,76,148,149,151,176.177,179 212p

中田浩資
12p バンコクの裏路地でよくみかける屋台。商品はスナック、フルーツ、おかずなどさまざま
21p バンコクのオフィス街。休憩中のOLさんがドリンクのテイクアウト。渋滞する車のあいだをすり抜けて会社に戻る
28p 屋根のある歩道に軒を連ねる屋台。ここならスコールも怖くない
46p いまの荒川沖駅前にリトルバンコクの雰囲気はない
50p 当時はこのあたりのアパートに多くのタイ人が暮らしていた
68p チャオプラヤー川沿いに建ち並ぶオフィスビルと高級ホテル。タイの若者が憧れるバンコクの中心地
81p 旧那覇市第一牧志公設市場付近の裏路地。いまも安いそば屋や居酒屋でにぎわっている
97p ミャンマー最大の都市ヤンゴン、シュエダゴン・パゴダ
103p ミャンマーの地方を走るローカル線。列車は激しく揺れるが、赤ちゃんは慣れっこ？
111p マンダレーの安食堂。中国の影響が強く、この食堂のシュウマイは絶品

下川裕治（しもかわ　ゆうじ）

1954年長野県松本市生まれ。慶應義塾大学経済学部卒業。新聞社勤務を経て独立。アジアを中心に海外を歩き、『12万円で世界を歩く』(朝日新聞社)で作家デビュー。以降、アジアや沖縄をメインフィールドに、バックパッカースタイルでの旅を書き続けている。週末アジア旅、長距離鉄道旅行、旅行指南書など、旅のテーマは多岐にわたる。『新版「生きづらい日本人」を捨てる』（光文社知恵の森文庫)、『東南アジア全鉄道制覇の旅』（双葉文庫)、『世界最悪の鉄道旅行』(朝日文庫)、『日本の外からコロナを語る』(メディアパル)など著書多数。

ブックデザイン／原田恵都子（Harada＋Harada ）

アジアのある場《ば》所《しょ》

2021年8月30日　初版第1刷発行

著　者　下《しも》川《かわ》裕《ゆう》治《じ》

発行者　田邉浩司

発行所　株式会社光文社

〒112－8011　東京都文京区音羽1-16-6

電話　編集部 03-5395-8172　書籍販売部 03-5395-8116

業務部 03-5395-8125　メール　non@kobunsha.com

落丁本・乱丁本は業務部へご連絡くだされば、お取り替えいたします。

組　版　萩原印刷

印刷所　萩原印刷

製本所　榎本製本

ISBN978-4-334-95264-8